THE ART OF
CASE STUDY RESEARCH

案例研究的艺术
好的故事　好的分析　好的报告

［美］罗伯特·E. 斯塔克 —————— 著
Robert E. Stake

赵丽霞 ————— 译

世界图书出版公司
北京·广州·上海·西安

图书在版编目（CIP）数据

案例研究的艺术：好的故事、好的分析、好的报告 /（美）罗伯特·E. 斯塔克著；赵丽霞译 . — 北京：世界图书出版有限公司北京分公司，2022.10（2024.2 重印）
ISBN 978-7-5192-9658-2

I. ①案… II. ①罗… ②赵… III. ①案例 – 研究方法 IV. ① C34

中国版本图书馆 CIP 数据核字（2022）第 135535 号

The Art of Case Study Research by Robert E. Stake
Copyright © 1995 by SAGE Publications, Ltd.
All rights reserved. No part of this book may be reproduced or utilized in any form or by any means, electronic or mechanical, including photocopying, recording, or by any information storage and retrieval system, without permission in writing from the publisher.
Originally published by SAGE Publications, Ltd in the United States, United Kingdom and New Delhi.
The Chinese edition is published by arrangement with SAGE Publications, Ltd.

本书中文简体版权归属于东方巴别塔（北京）文化传媒有限公司
中文简体版仅限中国大陆地区发行销售，不包括中国台湾、中国香港和中国澳门

书　　名	案例研究的艺术
	ANLI YANJIU DE YISHU
著　　者	［美］罗伯特·E. 斯塔克
译　　者	赵丽霞
责任编辑	余守斌　杜　楷
特约编辑	何梦姣　刘晨智
特约策划	巴别塔文化
出版发行	世界图书出版有限公司北京分公司
地　　址	北京市东城区朝内大街 137 号
邮　　编	100010
电　　话	010-64038355（发行）　64033507（总编室）
网　　址	http://www.wpcbj.com.cn
邮　　箱	wpcbjst@vip.163.com
销　　售	各地新华书店
印　　刷	天津鸿景印刷有限公司
开　　本	880mm×1230mm　1/32
印　　张	6.75
字　　数	157 千字
版　　次	2022 年 10 月第 1 版
印　　次	2024 年 2 月第 2 次印刷
版权登记	01-2022-3694
国际书号	ISBN 978-7-5192-9658-2
定　　价	58.00 元

如有质量或印装问题，请拨打售后服务电话 010-82838515

目 录

引言　对案例研究方法的深入研究 / 01

第一章
独特的案例 _ 001

内生性研究和工具性研究：案例的性质、多案例研究 / 004
案例选择：选择哈珀学校、代表性 / 005
做出推论：小推论和大推论、特殊性 / 008
重视诠释：预期性问题、观察、推断 / 010
研讨班：选择案例的标准 / 015

第二章
研究问题 _ 017

概念结构：在背景中看问题 / 019
陈述论题：推动研究的组织和报告 / 020
论题式问题的变化：逐步聚焦、主位论题和客位论题 / 023

话题式信息问题：全美数学教师协会课程标准相关论题 / 028
需要编码资料的问题：弗兰德的互动分析法、计算机编码 / 032
研讨班：对一次"田野调查"的观察 / 037

第三章
质性研究的本质 _ 039

体验式理解：历史、狄尔泰的指引、解释和理解、深描 / 042
作为方法的诠释：推断 / 045
质性研究的其他特征：量表和片段、模式、叙事 / 048
质性研究的不足：主观性、成本 / 050
研讨班：多少有些特别的特征 / 051

第四章
收集资料 _ 055

组织资料收集：《科学教育中的案例研究》观察指南、核对表、资料来源 / 058
进入和许可：保密性、终止田野调查、道德 / 065
观　察：比尔·洛夫的课、日志、录音录像 / 068
背景描述：替代性经验 / 071
访　谈：代理观察者、试点、立刻动笔 / 072
文献回顾：寻找与论题相关的资料 / 076
研讨班：对访谈的观察者进行访谈 / 077

第五章
分析和诠释 _ 079

分类汇总还是直接诠释：《思想之狐》、设计 / 083
对应关系和模式：编码和确定论题、拉里·埃克的艺术课、
筛选 / 087
自然推论：将案例读者群体作为推论基础、替代性经验 / 095
研讨班：分析墨西哥城教室里的观察 / 099

第六章
案例研究者的角色 _ 103

作为教师的案例研究者：预测读者需求 / 104
作为倡导者的案例研究者：乔纳森·科佐尔、研究者的
价值观 / 106
作为评估者的案例研究者：质量和效率 / 108
作为传记作者的案例研究者：生命史 / 109
作为诠释者的案例研究者：勒内·马格利特和他的画作 / 110
建构主义：三种现实、理性主义-建构主义观点 / 113
相对性：情境性、其他角色选择、道德 / 116
研讨班：角色对田野调查的影响 / 118

第七章
三角验证 _ 121

验　证：结果效度、导航 / 123
三角验证的目标：没有争议的描述、三角验证的
必要性 / 126
三角验证的策略：诺曼·邓津、坎贝尔和菲斯克的
研究方法 / 128
成员核验：弗里先生的反馈 / 131
研讨班：学校董事会成员角色扮演 / 132

第八章
撰写报告 _ 139

构思报告：列出提纲、分配篇幅 / 141
读　者：经验读者和理想读者、替代性经验 / 144
讲故事：时序、范·马宁的故事 / 146
花　絮：叙事性欺诈、伯班克实地考察 / 148
研讨班：评估一份手稿的核对清单 / 150

第九章
反　思 _ 153

第十章
哈珀学校 _ 159

学校和社区 / 161

学校改进 / 168

地方学校委员会 / 175

对一个六年级学生的影子研究 / 177

其他论题 / 183

改革的实施 / 189

参考文献 / 193

引言　对案例研究方法的深入研究

案例研究应能够反映单个案例的复杂性。哪怕是一片树叶、一根牙签，都有其独特的复杂性，但它们却很少能得到我们足够的关注，成为案例研究的对象。我们研究的案例（case）本身要有其独特的吸引人之处。我们要寻找案例与其所处的背景之间互动的细节。案例研究就是研究单个案例的特殊性和复杂性，就是在案例的重要背景中逐渐理解其活动。

我在本书中所呈现的案例研究观点，汲取了自然主义（naturalism）、整体论（holism）、民族志（ethnography）、现象学（phenomenology）和传记（biographic）的研究方法。[①] 我不太关注量化案例研究，即强调一连串的案例测量和一大堆描述性变量，这些做法常见于医学和特殊教育领域。我也不打算奔着教学目的去介绍案例研究，那是商学院和法学院做的事。这些特殊的

[①] 关于这种哲学和方法论传统，见诺曼·邓津（Norman Denzin）和伊冯娜·林肯（Yvonna Lincoln）于1994年所著的《质性研究手册》（*Handbook of Qualitative Research*）。——原注

话题值得单独成书。① 在本书中，我将简要说明研究单个案例的一种学术化的质性模式。质性研究者强调有细微差别的片段、事件在特定背景下发生的顺序，以及个体的完整性。②

我会按照自己在课堂上讲课的方式展开论述，当然也会提出一些倡导。我认为教育项目的研究方法已经相当有效，尤其适用于项目评估领域，③ 不过，教育和社会服务领域的研究者也会用到此方法。我偏好一些特定的工作方式，例如围绕问题来组织研究，而许多有经验的案例研究者则会采取不同的方式。我会在每个章节中注意强调研究方式选择的随意性，鼓励读者去关注那些不符合自己研究风格或研究情境的研究策略。本书呈现了一些不同的方法，而开展案例研究的方法数不胜数，我描述的是我喜欢的方法。

在开始写这本书时，我正在瑞典北部的于默奥大学（University of Umeå）组织一个为期两周的关于案例研究方法的研讨班。当时正值6月，夜晚非常短。由于冬天严酷，北欧人对夏天有种狂热。我知道研讨班上的一些成员想让我把他们派去山里或海上开展田野调查（field work），至少不要让他们局限于书本。但是，

---

① 罗伯特·殷（Robert Yin）的著作（1994）提供了更具量化取向的方法指南（见本书第三章）。如果想了解将案例研究作为教学方法的内容，可参阅罗伯特·布洛迈尔（Robert Blomeyer）和马丁（Martin）的著作（1991）。——原注

② 接受不同质性研究方法之间的区别非常重要，我们将在第三章中讨论。读者也可以阅读诺曼·邓津和伊冯娜·林肯的《质性研究手册》（1994）中的其他章节。我也建议读者进一步阅读有关自然主义田野研究的著作，其中一些著作展示了案例研究的不同作用。——原注

③ 案例研究方法在元评估研究（meta-evaluation study）中的应用，见我所著的《静悄悄的革命》（*Quieting Reform*，1986）。——原注

我们有工作要做，有研究方法要反思，还有一些反直觉的观点要构建——这是学术上的"严酷"。短短的两周时间既不够我们在田野调查中验证自己的想法，也不够我们深入分析已有的大量田野调查报告。

研讨班的成员都是成熟的教育学研究生，有些已经获得教职，且大多数都有研究经验。随着本书内容的展开，我会更多地介绍他们。他们的观察和困惑帮助我形成了本书的主要观点：致力于诠释（interpretation）、围绕论题（issue）组织研究、使用故事（story）、防范侵犯隐私（privacy）的风险、必要时进行验证（validation），以及实现自然推论（generalization）的目标。

在撰写本书时，我所针对的主要是那种需要几个月来进行的田野调查，再加几个月的规划、整理、分析和报告写作过程的案例研究，报告的篇幅大概是10页到60页。当然，我也考虑到了那些需要不止一年才能完成，或者在一个星期左右就能完成的案例研究。如果每个案例在总报告中都只占几页纸，那么只需要一星期左右就能完成的案例研究可能更常见。但是，无论案例研究的时间或报告篇幅是长是短，其概念化（conceptualization）过程并无差别。

读者可以先阅读一个简短的案例研究报告，这也是我让于默奥大学的学生们完成的第一个任务。第十章是我在芝加哥学校改革（Chicago School Reform）项目启动的第一年年底所撰写的评估报告。这份报告与其他案例研究和资料分析共同构成了中北部地区教育实验室（North Central Regional Educational Laboratory）呈交给芝加哥金融管理局（Chicago Finance Authority）的最终报告（Nowakowski, Stewart & Quinn, 1992）。由于要在6周内提交最终报告,我只在哈珀学校(Harper School)(化名)待了十多天就匆匆完成了这份案例报告。我会在本书的不同章节反复提及哈珀报告,因此读者要仔细阅读。读者在第一次阅读的时候,可以忽略我在页边做的旁注。你可以假设自己就在芝加哥的公立学校工作,并带着这样的视角去读。

教师须知 在撰写本书的时候,我假定读者是学生,但不一定是正在上这门课的学生。当然,我知道这本书可以作为短期课程和田野活动课程的教材,或是作为更广泛的研究方法课程的一部分。我会鼓励教授这些课程的教师采用每章最后的"研讨班"板块中的活动。如果我在以后的课堂上使用这个板块,我会期待学生们深入观察不同的案例,每周至少写一点东西出来,以形成学习日志。我经常会为研究生们在学习日志中呈现出来的思维上的拓展感到高兴,这比看到他们提交的论文要高兴得多。

阅读作业建议 如果将本书用于课程材料,一定要在阅读第一章之前先阅读第十章的哈珀报告,这对每个人来说都很重要。换句话说,首先要阅读引言和第十章,或者阅读更多的案例报告。我希望教师们给学生提供自己的田野研究报告以作为补充阅读材料,让学生有机会进一步了解你的研究。如果你想在课程开始之前为学生提供更多的文献,推荐读埃里克森(Erickson, 1986)、艾伦·佩什金(Alan Peshkin, 1978,特别是附录1)和海伦·西蒙斯(Helen Simons, 1980)的著作。祝大家讲课顺利。在课程结束之后,希望教师们能够给我一些反馈,例如本书有哪些方面可以改进。美国教育研究协会(AERA)的通讯录里有我的联系方式。

致谢 我认为我自己对案例研究的理解萌生于参加第一次剑

桥会议（Hamilton，Jenkins，King，MacDonald & Parlett，1977），那是巴里·麦克唐纳（Barry MacDonald）的创意，我将永远感怀那次会议和他的陪伴。在完成《科学教育中的案例研究》（*Case Studies in Science Education*，Stake & Easley，1979）时，我与杰克·伊斯利（Jack Easley）、路易斯·史密斯（Louis Smith）、罗布·沃克（Rob Walker）、特里·丹尼（Terry Denny）、贝丝·道森（Beth Dawson）、戈登·霍克（Gordon Hoke）以及很多同事和朋友一起工作，这让我们有机会认识到自己有多正确，或者错得有多离谱。在与许多其他同事一起共事的15年中，特别是与琳达·马布里（Linda Mabry）、吉姆·拉茨（Jim Raths）、戴维·詹内斯（David Jenness）、辛西娅·科尔（Cynthia Cole）和道格拉斯·麦克劳德（Douglas McLeod）等人共事的过程中，我取得了新的成绩，也遭遇了新的问题。教学研究与课程评价中心（CIRCE）的很多研究生也使我获益良多。我将永远对所有人心怀感恩和谢意。在成书过程中，英格·安德森（Inger Andersson）和她在于默奥大学的学生一直给予我创意和动力。我也很感激本书的审稿人迈克尔·休伯曼（Michael Huberman）、科琳·格莱斯（Corrien Glesne）和琳达·马布里提出的肯定或否定意见，以及C.德博拉·劳顿（C. Deborah Laughton）杰出的编辑指导工作。最重要的是，我的夫人伯娜丁（Bernadine）见证、鼓励并丰富了我的再教育过程，这些变化是缓慢的、私人的和政治性的，远超她的甚至是我的预期。谢谢你们。

第一章
独特的案例

内生性研究和工具性研究

案例选择

做出推论

重视诠释

大多数情况下，教育和社会服务领域中令人感兴趣的案例是人和项目。每个人、每个项目都和其他人、其他项目有许多相似之处，各自也有许多独特之处。我们对案例的独特性和共通性都很感兴趣，我们希望理解他们，倾听他们的故事。[1] 我们对人们（我将他们称为**行动者**）说的某些话可能有所保留，当然他们也同样会质疑我们告诉他们的某些事。但是，进入研究场景时，研究者就要带着真诚的兴趣去了解他们在日常事务和社会环境中是如何行动的，同时也要放下许多预设的意愿。

案例可以是一个孩子，可以是一教室的孩子，也可以是特地调动一批专业人员研究孩子状况的项目。案例是众多案例中的一个。在一个既定的研究中，我们聚焦这一个案例。研究者花在这一个案例上的时间可以是一天或一年，但只要聚焦一个案例，就

---

[1] 我们从其他人那里收集信息的形式大多是听他们讲述的故事，而我们能够传递给读者的大多也同样是这种形式。在呈现案例时，每个人都面临一个选择，即在多大程度上采用讲故事的形式。约翰·范·马宁（John Van Maanen）的《田野故事》(*Tales of the Field*, 1988)一书虽然出版时间不长，但已被视作经典。——原注

是在开展案例研究。

习惯上,不是所有事物都能成为案例。[①]一个孩子可以成为案例,一名教师也可以成为案例。但是,如果教师的教学方式缺乏特异性,也没有边界,就不能称为案例。一个创新性的项目可以成为案例,瑞典的所有学校也可以成为案例,但学校之间的关系、创新教学方式的原因、学校改革的政策却通常不会被当成案例。这些主题都是概括性的,并不具体,而案例是一个具体的、复杂的、行动的人或项目。

最早的教育民族志学家之一路易斯·史密斯对案例进行了定义,他认为案例是一个"有边界的系统",这让我们认识到案例是"对象"而不是"过程"。[②]我们可以用希腊字母 Θ(theta)来代表案例,始终牢记案例有边界,有各负其责的组成部分。在研究社会科学和公共服务时,案例 Θ 可以是有目的的,甚至拥有"自我"。案例是个自成一体的系统,它的各个组成部分不需要运转良好,行动目的也可能缺乏理性,但它的确是个系统。因此,人和项目显然都能成为潜在的案例,而事件和过程则不符合这样的界定,也就不太可能会用到本书中讨论的方法来对它们进行研究。

[①] 我们无法精准地定义案例或案例研究,因为案例研究实践早已存在于许多学科领域。我当然可以更精确地将本书命名为《自然主义案例研究》(*Naturalistic Case Study*)或《教育案例田野调查》(*Case Fieldwork in Education*),但任何命名方式都会与已有的先例相冲突。因此,认识到其他人可能不会使用同样的术语或方法就非常重要。——原注

[②] 有关案例的更多定义可以参阅我的《寻找甜水》(*Seeking Sweet Water*, Stake, 1988;see also Stake, 1994)。我强调要了解案例边界内的一切,跟踪案例的论题,探寻案例复杂性的模式。——原注

内生性研究和工具性研究

在选择案例时常常并无"选择"可言。有时候，我们想要，甚至觉得有责任去把人或项目当成研究对象。例如，一位教师决定去研究一个学习困难的学生，我们对一个特定的机构感兴趣，或者我们承担了评估一个项目的责任等，在这些情况下，案例是既定的。我们对它感兴趣不是因为通过研究它能够了解其他案例或一般性问题，而是因为我们需要去研究这一个特定的案例。如果我们对案例的兴趣是内生的，就可以称之为"**内生性案例研究**"（intrinsic case study）。

在另一种情况下，我们会有研究问题和困惑，有实现一般性理解的需要，并认为通过研究某个特定的案例或许能回答研究问题。例如，瑞典基础教育教师在使用议会通过的新的学生打分系统前，有一年的准备时间。那要怎么做呢？该系统的目的是建立标准参照（criterion reference）导向[①]，这样的导向会改变教师的教学方式吗？我们可以选择一个教师进行研究，全面观察她是怎样开展教学的，特别是关注她是怎样给学生打分的，以及打分方式会不会影响其教学。开展这种案例研究，是为了了解案例之外的其他目标。这种案例研究是工具性的，除了了解这位特定的教师，还要完成其他目标，我们可以称之为"**工具性案例研究**"（instrumental case study）。

---

① 标准参照导向聚焦学生在选定任务（如根据指令组装设备或在地图上找到特定地点等）中的表现水平，认为这种水平本身就很重要。标准参照与常模参照（norm-reference）不同，常模参照更多将任务作为对学生特定能力，例如拼写或使用地图的能力进行排序的基础。——原注

在同样的情境下，我们可能认为应该选择几位教师来研究，而不是只选择一位教师。我们还可以将学校视为案例，选择几所学校进行研究。为了解打分规则的影响，每一所学校的案例研究都是工具性的，但这些单个的研究会形成重要的合力，这样的研究就被称为多案例研究（collective case study）。之所以要进行这样的区分，并非因为将案例研究归入其中某一类别本身有多重要（我们通常也无法决定案例研究的类型），而是因为研究兴趣的内生性和工具性会决定我们采用不同的研究方法。研究者对案例的内生性的兴趣越多，就越需要抑制自己的好奇心和特殊的兴趣，也越需要努力去辨别和追究对案例来说最为重要的论题。

案例选择

选择能够代表其他案例的典型案例可能足以说明问题，但一个样本或几个样本不太可能具有充分的代表性（representation）。案例研究不是抽样研究（sampling research），我们的主要目的不是通过研究单个案例去理解其他案例，而是理解这个案例本身。在内生性案例研究中，案例是被预先选定的。在工具性案例研究中，一些案例的作用可能比其他案例的作用更大。"典型的"案例有时确实有效，但"反常的"案例往往更能反映我们在典型案例中忽略的要点。那么，该如何选择案例呢？

首要标准应该是能够最大化我们的认识。从研究目的出发，哪些案例有可能帮我们实现理解、做出推断，甚至修正推论？我们进行田野调查的时间和渠道总是十分有限，如果可以的话，要选择容易接触、对我们的研究持友好态度的案例，或者找到一位潜在的知情者，以及愿意就一些初步材料发表意见的行动者（即作为研究对象的人）。当然，我们还要认真考虑其他选项的独特性（uniquenesses）及其所处的背景，这些因素也会推动或限制我们的认识过程。不过大多数案例研究工作者都认为，优秀的工具性案例研究并不在于论证案例的典型性（typicality）。

设计多案例研究时要更多地关注代表性，然而我们很难去论证小规模样本的代表性。可能存在很多相关特征，我们却只能选择一小部分来研究。我们在哈珀学校进行的案例研究也是从将近500所学校中选择了6所，而哈珀学校是其中一所。我们是怎样选择的呢？

> 学校不可能在短短一年时间里改变学生的表现，在芝加哥分权改革策略下就更不可能了。改革的策略是削减芝加哥公立学校总督学（Chicago Superintendent of Schools）的权威和服务，赋权给地方学校委员会（Local School Councils），使其在单所学校内作为学校董事会来开展工作。主要问题是，在这个全面改革计划推行一年之后，有什么证据能够证明学校层面实施了这个计划？受招标合同和资源的限制，我们只能选择不超过6所学校（2所中学和4所小学）进行研究，每所学校的研究期限大约为2周。因此，我们选择学校的主要标准不是"哪些学校能够代表芝加哥的整体情况"，而是"哪类学校能够帮助我们理解芝加哥学校改革面临的问题"。
>
> 基于这个标准，我们需要选择不同类型的学校。除

学段之外，我们还需要考虑教学项目、社区性质（包括种族、民族和经济结构）、学校规模、参与教育创新的历史、成功实施学校改革的可能性、最近任免校长的情况，以及在芝加哥所处的城市区位等因素。

我们很快就发现，这些特征多到我们无法应对，这里用3个特征（所在街区的贫穷程度、种族结构和校长任期）来举例说明。由于芝加哥95%学校的学生几乎全都是非裔美国人，我们将学生种族划分为非裔、西班牙裔和其他（符合"其他"类别的学生非常少，可以忽略），这样就可以把上述3个特征都处理为二元数据，形成一个2×2×2的矩阵，即8个单元格。于是，我们将芝加哥的小学分成8类，从中随机选择了4类，又从每一类中随机选择了一所学校。但是，一所学校不足以代表其所在的单元格，由于矩阵中只考虑了3个方面的特征，其他5个方面的特征会被忽略。我们发现，想通过这么小的样本来充分代表这么多特征（至少8个）是绝无可能的。

所以，我们选择逆向思考。我们想："有没有这样一所学校，它应对改革问题的方式很吸引人，而我们的评估团队也有渠道进入该学校？"于是，有几所学校进入了我们的视野，我们从中选择了一所，它的特点是：位于中产黑人街区，有一位积极进取的、长期稳定的校长，处在芝加哥南区，教授"回归基础"（back to basics）的国家课程，等等。随后，我们又选择了一所同样吸引人、有渠道进入，但特点不尽相同的学校。在

> 确定了这两所学校之后，我们又找到两所既不吸引人，也没有渠道进入的学校来平衡样本，使4所学校构成的整体能够呈现出多样性。我们甚至还试图寻找不欢迎我们的学校，来权衡观察的障碍和缺乏代表性之间的抵消效应。我们不指望这些样本足以代表所有的学校，但相信这4所学校能够反映学校在应对分权和改革程序时面临的共性问题，使我们充分了解初期的改革成效。

经过这样的平衡，无论选择哪4所最理想的小学，都不足以充分代表整座城市的学校，更不可能为推论教学活动和区位特征之间的相互关系提供统计基础。我们必须舍弃一些理想的类型。即使在多案例研究中，通过特征抽样来选择案例也不是最重要的。平衡和多样固然重要，但加深认识的机会才最重要。

并不是所有的案例都能顺利推进，研究者在研究过程中要及早开展进度评估，舍弃或增补案例。让我们常常感到惊讶的是，虽然我们的案例与读者的案例在许多方面都完全不同，但是读者竟然还会觉得有所启发。当然，常常出现城市教师排斥农村学校的例子，反之亦然。但如果他们真的读过案例研究，就会在很大程度上转变态度。他们大多会发现过程和情境的共同性。当在别人的生活中看到自己的困惑时，每个人都会大吃一惊。

做出推论

乍看之下，案例研究并不适合形成推论。诚然，案例研究只研究一个或几个案例，不过研究者对这些案例研究得十分深入。在研究过程中，一些活动、问题或反应会反复出现，因此，就案例而言，研究者也能够做出一定的推论。假设案例是个总是面临某些困难（例如，没有办法让其他孩子在小组作业中发挥主动性）的孩子，这本身就是个推论。通过进一步观察，我们会明显地看到，年龄更大、更霸道的孩子很少受到这样的干扰。推论会不断地完善，不是形成了新的推论，而是修正了原有的推论，这种情况在研究中十分常见。相反，在研究中很少会出现全新的理解，大多数只是在完善原有的理解。关于特定情境中的一个或者几个案例的推论可能并不是最后的推论，这种推论可以称之为**小推论**（petite generalizations），在案例研究的整个过程中会经常出现。

案例研究也会修正**大推论**（grand generalizations）。读者可能会觉得学区管理者总是以过于简单的方式"代表"父母们的问题，而案例研究则表明一位特定的管理者常常会**详细说明他（她）**的办公室所收集到的这些问题的复杂性，要求员工要对特定的复杂性有预见性。通过这个反例，案例研究者就会修正推论，即承认管理者的观念和风格存在差异——虽然可能不会动摇对他们的类型化。通过一个积极的例子也许既不能得出也不能修正推论，但能够增强读者对自己的（或研究者的）推论的信心。我们选择案例研究设计，不是为了优化做出推论的过程。在这一点上，传统的比较研究（comparative study）和相关研究（correlational study）会更好地优化推论，而案例研究能够有效地修正推论。我将在第七章"三角验证"中讨论我们提高这种反思效度的具体做法。

案例研究的真谛是突出特性，而不是做出推论。我们选择一个特定的案例并逐步了解它，主要目的不是了解它与其他同类有什么区别，而是了解它是什么、它在做什么。这里强调的是独特性，意味着你也要了解与它不同的其他同类，但最重要的是理解案例本身。

重视诠释

德高望重的质性研究者弗雷德·埃里克森（Fred Erickson）认为，质性研究最显著的特征就是强调诠释。[①] 显然，在研究设计阶段，质性研究者并不将诠释限定为收集资料之前的变量界定和工具开发，或为撰写报告而进行的分析和诠释。相反，我们强调将一个诠释者置于田野中来观察案例的活动方式，在客观记录发生事件的同时，审视其意义，并调整观察以完善或证实这些意义。在研究过程中，案例研究者可以修正甚至改变最初的研究问题。研究目标是实现对案例的完全理解。如果最初的研究问题不管用，或新的问题日益凸显，就要改变研究计划。马尔科姆·帕雷特和戴维·汉密尔顿（Malcolm Parlett & David Hamilton, 1976）将这一过程称为**逐步聚焦**（progressive focusing）。

诠释在任何研究中都很重要。如果有人认为质性研究中的诠

[①] 在"教学研究的质性方法"（Qualitative Methods in Research on Teaching）一章中，埃里克森（1986）将质性工作定义为田野研究，认为研究者要寻找的关键诠释并非他们的诠释，而是作为研究对象的人的诠释。我们在案例研究工作中也会面对这种模糊性，也就是应当呈现和强调谁的诠释。——原注

释比量化研究中的更多，我一定会加以反驳。当然，质性研究者在资料收集阶段的职责显然是确保诠释的说服力。埃里克森将研究者基于观察和其他资料得出研究结论的过程称为"推断"（assertion），即推论的一种。这位经验丰富的研究者认为，在研究者的诠释之外还有其他的诠释。他呈现了来自真实来源或没有确切来源（即"据一些社区成员所述……"）的一种或多种其他诠释。得出推断是正常的诠释过程，一些人可能需要用到规范的证据或逻辑规则。虽然我们无法为将观察转化为推断提供足够的指导，但研究者一直在完成这样的过程。请思考下面的推断，这个推断至少部分地基于其所述的观察结果。

一项案例研究中的预期性问题

在这所学校里，学生的行为有问题吗？

哪些学生需要遵守的行为规范是有价值的？

教师、管理层和家长就惩戒规则达成共识重要吗？

在课堂观察中，研究者对不遵守规则学生的行为的关注在多大程度上会分散对教育问题的关注？

观 察

（四年级学生课堂观察摘录）

10点钟，测验结束。教师说："我们今天会讲解答案，一定要在卷子上写上名字。"他停顿了一下，然后近乎恳求地说："谁刚才说出了答案？莎伦？"教师走到黑板前,加上了莎伦的名字。"今天我们要讲解细节,"他随后说,"不要交头接耳。"他讲了怎么收卷子。"都收齐了吗?"教室顿时沸腾起来。"有几个人能数到3?能的话,请举起右手。"然后他说,"注意看这里,集中注意力,看这里。"教师平静地提高了声音,不过教室里的喃喃声一直没有停,但教师的态度很坚决。"吉米、马克,每个人,每个人都举起双手,克里斯、埃莉诺、撒切尔。"但是,达林还是没有在听。教师走到黑板前,在他的名字后面打了个钩。"嘘!嘘!嘘!"黑板上有5个名字,其中一个还被打了钩,现在有6个名字了。最后,教师终于使学生们的注意力集中了起来,师生一起找出了测验的正确答案。

观察者反思之后记下的推断

据说当"学生"是孩子的天职。如果真是这样,那么我们的年轻一代就有很多人正在"失业"。他们的职业并不是学生,至少不是大多数教师、研究者和家长所期待的那种学生。我们的孩子是社会人,是学习者,他们确实没有勤奋学习,他们毕竟是"孩子"。

几乎在每个教室中,都能看到孩子们处于含目的性的状态中。在教师允许其释放活力的范围内,他们最大程度地参与社会互动、进行展示、探索好奇心。在这些行为规范中,教师只强调有关努力学习的行为规范。即使教室很安静,每个孩子也不过是被稍微抑制住,随时会恢复喧闹。随着时间的推移，大部分孩子都会学到很多东西，为考试和毕业做好准备，但他们大多并没有放弃"孩子"这份天职，并没有成为"学生"。

很多教师做的第一件事是让孩子们保持安静，而直接学习的教育理念认为要让孩子充满活力。他们相信（我们大多数人也一样），权威最了解一个孩子应该学什么，他们使用第二套必须遵守的行为规范来引导并强化群体行为。一些教师确实成功了，至少是短暂成功了，从而把孩子变成了学生。以儿童为中心的教育理念则强调弱的社会规范和其他规范，希望通过对个体的鼓励和丰富的课堂环境来促进问题解决和深入思考。有时候，在某些时刻，这些教师会成功地把孩子变成学生。

教育理论家总是假设这些偶然事件是普遍现象，认为普通教师也总是能够成功地将孩子变成学生。

我们通过课堂观察总能得到必要的提醒，这种情况其实很少见。如果你进入一间教室，通常会毫不意外地发现，教师只不过是努力在社会参与的主要架构上加一点认知行为。年轻人受同学的影响非常大。对他们来说，教师也是社会人，也或好或坏地被社会操控。他们觉得自己是沉浸在社会环境中的特殊生物。课堂上的理念无论有多抽象，他们都能将其关联到社会情境中。如果某些理念能够带来社会利益，他们就会不折不扣地去践行。"社会研究"才是孩子的天职，虽然我们常常对此感到奇怪，但着实不应该。

这位观察者的推断已经远远超出了观察摘录，也远远超出了这里记录的对四年级教室的观察。刚结束观察，他就写下了这四段日志，稍加修改后呈现在案例报告中。

无论是读者还是研究者本身，都并不清楚推断的逻辑。对课堂过程的描述和推断之间不一定密切相关。要做出推断，就需要从内心深处进行理解，而这些理解的来源可能隐秘地混杂着个人经历、学术背景或其他研究者的推断。为便于读者理解，我们可以将到结论的这种跳跃称为"推测"（speculation）或"推理"（theory），但研究者们通常不这么做。从传统上看，研究者有权坚持他们眼中有意义的发现，并将其呈现为探究的结果。他们的报告和咨询中既有完全肯定的发现，也有不那么确定的推断。

案例研究者常常要基于相对小规模的资料库进行推断，从而拥有诠释的特权，通常也承担着诠释的责任。过度关注诠释可能是个错误，意味着研究者在案例研究工作中急于得出结论。优秀的案例研究者是需要有耐心和反思精神的，也愿意看到关于案例的其他观点。谨慎的原则与诠释的原则并不冲突。

我们总是标榜案例研究奉行的不干预主义（noninterventionism）和共情原则。换句话说，如果我们能通过具体观察或审阅记录，甚至也不用做访谈就能得到想要的信息，我们就会尽量不去打扰案例的日常活动，不做测试。我们努力去理解行动者（即作为研究对象的人）是怎么看待某个事物的。研究者的诠释终究可能比研究对象的诠释分量更重，但质性案例研究者会保留多重现实（multiple realities），即关于某个事件的不同的，甚至互相冲突的观点。

研讨班

在于默奥大学的第一天,我就案例研究的问题讲了一节课,随后分小组进行讨论,发现"案例"的本质和围绕问题开展研究是比较难的概念。我知道后面的课还会涉及这些问题,于是提出了下面的问题:假设你在研究瑞典教育局(Skolverket,一个新成立的、位于斯德哥尔摩的教育协调部门),为了理解教育项目的评估活动(该部门的主要职责之一),你决定研究三位评估专家的工作,那么你会怎么选择这三个人呢?

马茨(Mats)说他希望其中至少有两个人定居在斯德哥尔摩,艾琳(Irene)希望至少有一位女性,卡琳(Karin)表示每个评估专家的职责应该不同,以保证多元性。李敏(Limin)和艾琳都认为应该选择能够帮助我们最大程度了解瑞典教育局的评估专家。在讨论了其他一些相关特征(包括所选择的研究论题等)后,我总结道:"评估专家的多元性是很重要,但如李敏和艾琳所述,选择能够帮助我们最大程度地理解案例(即瑞典教育局)的评估专家才最重要。"

第二章
研究问题

2

概念结构

陈述论题

论题式问题的变化

话题式信息问题

需要编码资料的问题

有人认为，开展自然主义的田野调查只需要拥有敏锐的目光和开放的心态就可以了。这些固然很重要，但案例研究的好坏取决于学术的规范性。研究者要提前准备，想清楚研究中可能遇到的情况，有些情况可能会发生得太快或是太不明显，从而被忽略掉。对研究者而言，最难的任务就是设计出好的问题——好的研究问题能够既充分又适度地引导观察和思考。

任何研究设计都应该包括对概念的组织、对表达预期理解的设想、基于已有知识基础的概念工具、指导资料收集的认知结构，以及向他人展示研究诠释的提纲。在社会科学研究中，最常见的概念组织方式是围绕假设（特别是零假设）来进行；在项目评估中，最常见的概念组织方式则是围绕项目的目标陈述来进行。这些概念组织方式推动着研究的开展，从困惑进展到理解和诠释。[1]

---

[1] 格奥尔格·亨里克·范·赖特（Georg Henrick van Wright）在描述质性和量化研究设计的不同时，是从解释和理解的区别入手的（1971）。这里也同样强调二者的区别。——原注

概念结构

在质性的案例研究中,我们希望更多地去理解 Θ,即案例。我们希望认识案例的独特性和复杂性,认识它是怎样嵌入其所处的背景中以及怎样与背景互动的。我们通过假设和目标陈述来进一步聚焦,把对情境和环境因素的兴趣降到最低。我选择使用"**论题**"(issue)一词作为概念结构(conceptual structure),将论题式问题作为主要研究问题,以便将注意力集中在复杂性和情境性(situationality)上。同时,确定论题也有利于聚焦困难和关切。不知为何,我会期待通过观察一个事物克服障碍、解决困难的过程来增进对它的了解。这可能是我评估工作的溢出效应,但我并不认为这是对失败的执念,而是坚信这种艰难的过程更能够清楚地暴露人和系统的本质。

有时我会用希腊字母 I(iota)来代表论题。请读者放心,我不会再引入更多的希腊字母来代表案例研究中所有重要的要素。案例和论题实在太重要,所以我用希腊字母 Θ 和 I 来强调它们在案例研究中的极端重要性。你还需要记住最重要的一点:对于内生性案例研究来说,案例居于主导地位,它的重要性最高;而在工具性案例研究中,论题居于主导地位,我们从主导论题开始研究,又以主导论题来完成研究。

什么是论题?这个词意味着我们面对的是一个充满困难的情境,还含有一丝批评的意味。问题当然会出现,其中某些问题是我们研究的焦点。论题并不简单也并不单纯,而是天然地与政治、社会、历史等环境(特别是个体背景)交织在一起。在研究案例时，这些意义都非常重要。[①] 论题促使我们去观察和梳理案例面对的问题、情感流露中的冲突，以及人性关怀的复杂背景。论题帮助我们超越此时此刻，用历史的眼光来看待当下，帮助我们认识人类互动中普遍存在的困难。论题式问题或论题陈述为案例研究的组织提供了坚实的概念结构。例如：

> Ⅰ：学区总办公室的规定和问责导向，是否削弱了校长发挥教学领导力的机会？

这个问题意味着哪里可能不对，意味着学校的教学领导力可能不够，还意味着行政部门意在完善学校组织架构和提升学校绩效的努力，可能会将校长变成工业管理者，将教师变成工人。如果研究者认为这个问题几乎已经是最能够帮助他们（最终还有读者）理解案例复杂性的问题，就会选择这种论题。研究者不需要假设校长、学区官员或教师的表现不佳，但可以假设所有的系统都面临着一些压力，所有身处其中的个体都面临着一些问题，而研究者观察他们怎样应对压力和问题能够加深对案例的理解。在开展案例研究时，论题能够成为很好的研究问题。

陈述论题

陈述论题是为了推动研究工作。只要有利于研究的开展，你

[①] 朗希尔德（Ragnhild）和瑞典学生觉得这个词不好翻译，经常用"problem"来替代。但是"problem"更具体，而"issue"更抽象。——原注

可以用任何方式来陈述论题。上面的论题可以陈述为"中心-外围关系"或"校长的教学身份"。论题陈述可以是声明性的，也可以是质问式的。在报告的最后一章，我可能会使用这些简短的陈述作为标题。但在组织研究时，则需要更加详尽的陈述，明确所观察到的特定条件，这些条件可能与某些特别的问题存在因果关系。我想把自己的关注点放在社会科学和人文科学领域有助于解释这些现象的学科上。我不想更多地分析论题中出现的现象而不是分析整体案例，但希望我的分析能够尽可能地基于这些学科最好的学术成果。论题陈述也可以采用因果式。这里再举一例：

Ⅰ：教学任务从4个班增加到5个班，是否影响了教学质量？

也可以是个可能式问题：

Ⅰ：住在本社区之外的教师是否没有承担足够的工作量？

通常情况下，研究者对论题式问题的兴趣比对案例本身的兴趣更大。论题式问题不是"一个"研究问题，而是"这个"研究问题。如上文所述，我们将这种研究称为"**工具性案例研究**"。当然，任何案例研究都可以有几个主要论题。

论题常常会与信息式问题混为一谈。研究者可能会试图提供不同的信息，通过提出特定的信息式问题来推动工作任务的概念化：

- 这些学生接受的典型教学项目是什么?
- 督学在社区事务中是否发挥了突出作用?

或评估式问题:

- 员工职业发展项目的有效性如何?
- 驻校艺术家项目带来的审美体验质量高吗?

类似上述4个例子中的问题对开展研究和形成报告可能很重要,但与我所设想的用于开展研究的目标并不十分相关。我想要的是更能体现困难的,至少是体现潜在困难的问题,使我能够在组织概念时与案例的背景产生更深刻的联系。作为研究的组织者,提出宽泛的持续性研究问题可能是个错误。例如:

- 在教育事务中,州政府和地方政府关系的本质是什么?
- 怎样更有效地教授阅读?

这些问题虽然重要,但对构建案例研究的概念结构却毫无贡献。

好的研究更取决于好的思维,而非好的方法。觉得上文对论题式问题的举例乏味的读者也许是对的,如果脱离与真实案例的联系,这些问题就一点也不吸引人。我们不妨换一种思路,先构思出有趣的论题,而不能指望在应用好的方法时,研究问题会自然而然地跳出来。研究者最大的贡献也许正是不断地改进研究问题,直到这些问题显得恰到好处。

论题式问题的变化

无论是内生性研究还是工具性研究,都要在研究的初始阶段确定论题式问题。有些人觉得可以先列出10个或20个潜在的重要问题,它们可以是在讨论研究方案时提出的,可以是在初步接触案例后产生的,也可以是通过相关文献发现的、在其他案例中感到非常困惑或困难的问题。

这个问题清单很快就会缩减到个位数,可能只剩两三个,以帮助研究者进行观察、访谈和文献回顾。由于没有接触案例的经验,这些问题是研究者从外部带来的**客位论题**(etic issues)。客位论题是来自研究者的论题,有时是来自更广泛的研究群体、研究伙伴和作者的论题。如上文所述,论题的陈述可能与案例所处的环境并不相符,需要进行调整。论题也在不断变化,**主位论题**(emic issues)会出现。这种论题是行动者的论题,也就是案例中的人的论题,是来自内部的论题。传统上,民族志学者非常愿意构建主位论题,通过田野调查超越对"什么才是重要的"的固有认识,但最终会在主位论题与本学科的客位论题之间建立联系。由于问题是指向理解的,研究者会逐渐将论题重新表述为推断。推断一开始是尝试性的,随着开展更多新的观察并验证更多旧的观察,研究者对推断会更有信心。这些推断是小推论,关注的是单个案例或与之极其相似的案例,但有时也是大推论,适用于大规模的案例总体。在后面的章节中,我们将会讨论一种特别的推论,即自然推论,也就是读者自己做出的推论。

如果对一项案例研究中的论题进行跟踪,它的转变可能如下:

> **话题式问题**：家长们对音乐项目的期待是什么？
>
> **预期困难**：大部分家长都支持目前重视乐队、合唱和表演的做法，但也有一些家长和社区领袖希望增加知识性内容（例如音乐史、音乐文学和音乐批评等）。
>
> **预设论题的变化**：音乐教师们对开设所有学生都必修的音乐课程的分歧程度有多大？
>
> **推断**：这个社区不会为开设所有中学生必修的音乐理论课增加必要的音乐教师经费。

在一项质性研究中，论题会出现、会发展，也会消失。在量化研究中，如果一个论题变得更完善、更重要，研究者就会开展平行研究或后续研究，而当前的研究不会改变原本的论题。无论是质性还是量化的研究取向，都强调不能急于求成。最伟大的量化研究者之一伊万·彼得罗维奇·巴甫洛夫（Ivan Petrovich Pavlov）曾说：

> 循序渐进是科学研究取得成果的最重要的条件，怎么强调都不为过——循序渐进，循序渐进，循序渐进。从工作的一开始，就要告诫自己严格按照循序渐进的原则积累知识。（Pavlov，1936/1955，p. 54）

当然，巴甫洛夫关注的是自己、学生和狗的条件反射等机械过程，即简化的过程，而质性研究者则试图对日益复杂的细微差别保持开放态度。

1972年，爱丁堡大学的马尔科姆·帕雷特和戴维·汉密尔顿认识到在复杂的学习环境中开展解释性项目研究的必要性。他们将调查者开展调查的过程分为三个阶段：观察、重新探究和解释。他们这样定义**逐步聚焦**的过程：

> 显然，这三个阶段在时间上会有重叠、在功能上也相互关联。随着研究的推进，研究者会逐步看清并重新界定困难领域，研究也就从一个阶段进入到下一个阶段。研究者无法预先设定研究的过程，而要从大量的资料入手，系统地缩小探索的范围，更加聚焦于新出现的论题。（Parlett & Hamilton，1976，p. 148）

案例研究者艾伦·佩什金说，他喜欢跟踪探究的变化，一个月左右就会拟定一个新的标题（1985）。他发现，在最后形成报告的阶段，用这种方法可以提醒他留意自己的想法在研究过程不同阶段的变化。一些临时性标题会变成报告章节的名称或小标题。佩什金发现，到了研究的最后，核心问题总是跟最初的设计相去甚远，至少会变得更加详尽。在哈珀学校的案例（见第十章）中，主要论题一开始是这样的：

I_1：州和学区教育部门将教育改革定义为提高学业质量。课堂上的教师和哈珀学校的校长也这么认为吗？

I_2：学校启动学校改革所需的结构重组了吗？

I_3：州层面的改革行动会削弱芝加哥学区总部（Chicago District Headquarters）的权力，建立地方学校委员会。那么哈珀学校的实际负责人是谁?

I_4:《学校改进计划》(School Improvement Plan,SIP)为改变教与学提供了哪些指引?

到了最后,如第十章所述,主要论题变成了5个:

I_1:在哈珀学校,人们对改革的定义是否相互矛盾?

I_2:潘兴路(Pershing Road)①的管理权限被裁减之后,哈珀学校的实际负责人是谁?

I_3:学校启动学校改革所需的结构重组了吗?

I_4:基于政策阐释和记录追踪的学校改革,是不是不符合哈珀学校的运转方式?

I_5:哈珀学校的改进目标现实吗?

其中,前3个问题没有发生变化。随着研究的开展,研究者对《学校改进计划》的关注减少,而对学校改革本身的概念化和操作性的关注则日益凸显。

这里再以琳达·马布里关于妮科尔(Nicole)的案例研究(1991)为例,来说明研究问题的逐步变化。在对一个十来岁的"问题"少女进行的传记类研究中,最初的研究问题是:

1. 她是问题少女吗?她在多大程度上有问题?为什么教师

---

① 潘兴路,指芝加哥公立学校学区所在地。芝加哥公立学校改革,就是把学区的管理权下放到学校。——译者注

们很容易地就一致认为她是这项研究潜在的研究对象?
2. 是什么导致了她的"问题"? 哪些原因是可以预见的, 哪些是不可预见的?
3. 谁认为她是问题少女? 她自己认同吗? 为什么他们认为她是(或不是)问题少女?
4. 她的选择或行为在多大程度上导致了她的问题? 为什么她这样选或这样做?
5. 制度的边界或职责是什么? 她的学校帮助了她还是伤害了她? 学校政策对她的处境是严格约束还是有所变通?
6. 学校和其他机构之间的关系是什么?

随后，这些问题变为：

1. 她看起来很清楚她自己行为的负面影响，为什么还是做出可能会带来不利后果的举动?
2. 为什么她要为自己无法控制的事负责?
3. 她对待大学备考计划有多认真? 其他人相信她的备考计划吗?
4. 我的出现在多大程度上改变了这种情况? 是给了她所渴望的关注，促使她在学校表现得更好? 还是让教师们给她更多关注，从而在给她打分时更宽容?
5. 她的家庭境况是不是像学校里的人所想的那么困难重重?
6. 进入少管所的事实对她完成高中学业的意愿的影响有多大? 毒品呢? 酒精呢? 滥交呢?
7. 为什么她声称不喜欢老师这个群体，但却喜欢她的每一位老师？
8. 考虑到她在这么多困难面前仍然保持着积极的态度，她能保持自己的韧性和自尊吗？
9. 考虑到学校的努力和老师们的个人努力，也考虑到她的母亲认为学校已经竭尽所能，学校的反应是否充分、合理？

每个论题都有其生命周期。如果一个论题变得更复杂、更吸引人，就会得到更多的关注，这是案例研究中最大的困难所在。完成案例研究所需要的信息往往很难获得，资源也非常有限，因此只有一个论题能成为关注的焦点。要构建好某个论题，唯一的选择是暂时忽略该案例的大多数特征，此时对案例的研究就转变为对论题的研究。能尽快再次回到案例吗？研究者还能回归对案例的整体研究吗？正如一句瑞典俗语所说，"这是个问题"（Det äs ett problem）。在案例研究工作中，案例和论题之间始终存在着这样的矛盾，二者都需要研究者耗费更多时间来进行研究。无论是在工具性还是内生性案例研究中，它们都会竞争稀缺资源。

话题式信息问题

除了回答论题式问题，研究者还需要回答话题式问题。话题式问题需要相关信息来描述案例，特别是对于缺乏经验的研究者而言，先列出需要关注的主要话题（哪怕是次级话题）会很有帮助，并且令人安心。在多案例研究中，尽早确定共同话题会有利于后期对案例进行横向对比分析。一些研究者会将话题提纲（topical outlines）作为主要的概念结构，而另一些研究者则认为其从属于论题结构。

这里举一个真实的话题提纲的例子。数学教育家道格拉斯·麦克劳德在研究全美数学教师协会（NCTM）制订的《课程标准》(*NCTM Standards*，全美数学教师协会，1989）这一案例时，准备了下面的表格。麦克劳德使用了项目咨询专家迈克尔·休伯曼（Miles & Huberman，1984）提供的一个模型。在每个问题后面，麦克劳德都标注了主要的信息源（如 NCTM 官员、州级数学协调员、学校教师等），并进行编码以存储和提取资料（例如，NHST-CHRON 代表 Chronicle of adoption，即实施时间表）。这一提纲提供了研究者在启动研究时所设想的资料清单。随着研究的推进，可以扩展、拆分或缩减这个提纲。

NCTM《课程标准》案例研究中的研究问题	
1.	**背景和历史**
1.1	NCTM《课程标准》是在什么背景下研制或采用的？时间表是怎样的？
1.2	主要的"拥护者"是谁？管理人员、教师等人物在其中扮演的角色。
1.3	NCTM 在州级和地方级采用《课程标准》中所起的作用。
1.4	当时的背景——涉及社会、经济、政治等方面。
	现在的背景——涉及社会、经济、政治等方面。
	学校、学区和街区的特征
2.	**评估和发展过程**
2.1	动因和激励
	决策是否具有务实性（为了改进）？
	决策是否具有战略性（为了获得优势）？
	决策是否具有一致性（有明确的下一步计划）？

续表

	NCTM《课程标准》案例研究中的研究问题
	决策是否具有教育性（能够改进学习）？
2.2	《课程标准》能够解决现有的问题吗？
	《课程标准》最初的设想是什么？
	《课程标准》是否提高了原有的期待？
2.3	使用者的特征和导向是什么？
	使用者的教育学立场是什么（建构主义等）？
	拥护者的年龄、经验、背景、技术水平怎么样？
	反对者的年龄、经验、背景、技术水平怎么样？
2.4	最初设想
	怎样在课堂上使用《课程标准》？
	《课程标准》的复杂程度如何？
	《课程标准》对教师技术和能力的要求如何？
	《课程标准》的清晰程度如何？
	《课程标准》与现有的教师风格和学生水平的匹配度如何？
2.5	在开发和使用过程中的财务问题
	获得相应的成本和材料有困难吗？
3.	**研制者的观点和成果**
3.1	NCTM 的数学教育取向
3.2	主要的创新点
	NCTM 要求人们"带着信念去实施"
3.3	NCTM 怎么看待这个观察点？
	这个观察点与其他试点或观察点相似吗？
3.4	NCTM 和这个观察点之间有什么关联？
	目前二者之间有互动吗？
4.	**组织一致性**
4.1	《课程标准》与更大的改进计划一致吗？
4.2	《课程标准》与其他有关工作一致吗？
4.3	《课程标准》与现有的数学和科学课程一致吗？

续表

NCTM《课程标准》案例研究中的研究问题
《课程标准》与政策和愿景一致吗?
诸如此类,5,6……

这个长长的话题式问题列表覆盖了预期的信息需求,而研究的论题式问题则不同,其功能是将注意力引到要解决的主要关切和疑惑上来。下表是麦克劳德案例研究中的论题清单。

NCTM《课程标准》案例研究中的论题

1. 新《课程标准》对数学教育的概念化是创新性地实现了不曾预见的当今社会的需求,还是只是对过去就不受待见的思维模式的老调重弹?
2. 《课程标准》带来的只是课程改革,还是同时也有教育改革?《课程标准》的制订者是只想改变数学学习的内容,还是同时打算改变教学的方式?
3. 《课程标准》所反映的数学教育理念与公众和当局的教育问责之间是否能协调一致?
4. 州教育部门的数学专家是改革的推动力量吗?如果《课程标准》的制订有意或无意地重塑了曾经被州级部门拿走的专业控制权,这些数学专家的立场如何?

我们可以看到,在同一项研究中,论题式问题与话题式问题截然不同。

每个研究者就是否应该预先设定研究问题持不同观点。案例研究的田野调查通常会把研究带到不可预计的方向，因此事先投入过多精力可能会适得其反。出于预算资金、雇佣帮手、试测工具等后勤因素的限制，研究者在进行研究设计之前几乎不可能完全熟悉案例。因此，研究者会设计一个灵活的问题清单，然后逐渐重新界定论题，抓住机会去了解预料之外的情况。随着研究者的经验不断丰富，在应用这种研究风格时也会更加得心应手。

需要编码资料的问题

在研究伊始，研究者就要选择在多大程度上依赖编码资料，以及在多大程度上依赖对观察的直接诠释（对于像我这样已经多次选择同样的案例研究路径的研究者来说，则是再次确认）。大多数案例研究报告既呈现了编码资料，也包含了直接诠释，但选择哪种通常由概念负荷（conceptual load）决定。在得出研究结论时，我们的论断基于偶然事件的频率还是叙事描述？读者会更乐于看到对事件的客观汇总，还是对事件的描述，以揭示案例的本质特征？如果要借助编码资料来实现理解，在研究开始阶段就要明确相关变量和情境，且变量在情境中应当是可观测的。如果选择通过直接诠释来实现理解，则要尽早确定能够凸显论题的情境。

编码资料的主要来源是对变量进行的分类。如果变量是"参与"，则可以分为高、中、低三类，或积极、消极两类。论题中通常会包含几个主要变量。假设案例是一所中学，而论题是教师努力帮助学生培养学习责任感的愿望,研究者可以把这所学校的变量"教师的努力"分为:(1)作业表记录;(2)鼓励性谈话;(3)奖励课堂上表现出的责任感;(4)奖励课堂外表现出的责任感。研究者可以汇总其观察到的每一次事件,也可以选择最符合的一项,将教师归入上述某一类。研究者可以根据有关这一论题的研究文献和已有研究来对教师的努力进行分类,但在更多情况下,研究者需要自己定义变量并确定分类,这样的分类会更适切,但是定义可能缺乏验证,编码可能也不切实际。

这里的研究问题是一个论题,因为它要求学生为自己的学习承担责任(即由他们自己而不是教师来选择学习目标),让教师来承担这样的责任则几乎总是会造成麻烦。研究者对论题的进一步描述会明确一部分问题,也会明确一部分潜在的成果。成果变量可以按照学生承担此类责任的频次和质量进行分类。假设研究者决定使用下面的表格来研究该论题,即选取大量的课堂来观察学校采取行动增强学生对学习的责任感之前和之后的差异。

教师对学生责任感表现的奖励汇总表

班 级

观察	A	B	C	D	E	F	G	H	I	J
9月										
5月										

如果下面这行的汇总数字更大,则基于数据能够得出教师在奖励学生承担学习责任方面的努力有所增加的推断。一些研究者会希望对其他变量进行编码,例如教师在员工发展活动中的参与

形式、责任的不同表现形式,以及奖励的形式等。

研究者也可以将教师和学生互动的模式进行编码。教师们很熟悉弗兰德(Flander)的互动分析(interaction analysis),[①] 可能会尝试先建立一个试点小组,看看从试点小组得到的比率是否符合当前的研究目标。这种资料收集方法是20世纪60年代研究课堂中师生互动的最常用的手段,到现在也还有人在使用。该方法划分了10个用于核对研究者观察的类别,更适于研究教学风格而非课程内容。

		可用于每3分钟进行一次观察核对的类别
教师说	间接影响	1. **接纳感受**:以不带威胁性的方式接受并说明学生的感受基调。感受可以是积极的,也可以是消极的,也包括预测会有什么样的感受,以及回想当时的感受 2. **表扬或鼓励**:表扬或鼓励学生的行动或行为,通过不伤害他人的玩笑来消除学生的紧张,可以点头或说"是的""继续"等 3. **接受学生的想法**:并加以说明 4. **提问**:就学习内容或程序提问,并试图让学生回答
	直接影响	5. **讲解**:就学习内容或程序陈述事实或观点 6. **指明方向**:给出学生应该遵守的方向、命令或指令 7. **批评或捍卫权威**:意在促进学生行为从不可接受到接受的转变,惩戒,说明教师这么做的原因,极度地自我参照(self-reference)

[①] 研究者不能只考虑他们自己熟悉的工具或程序。在上文的情境中,研究者首先要找到其他对该论题和课堂观察感兴趣的教师,听取他们的建议,并通过文献回顾(特别是对操作手册的回顾)来确定其他选项。——原注

续表

	可用于每 3 分钟进行一次观察核对的类别
学生说	8. **学生回应性地说**：学生对教师做出回应，由教师来开始这样的对话，或引导学生的陈述 9. **学生主动性地说**：学生主动开始说话，好像"点名"只是为了表示谁下一个说
	10. **沉默或困惑**：暂停，短暂的沉默，观察者无法理解的困惑时间

来源：作者根据梅德利（Medley）和米策尔（Mitzel）调整后的表格（1963）进行的再次调整。

在观察的班级中，研究者可能会发现第三类和第四类教师的反应在增加，与学生对承担责任的认识的相关性也越来越高。研究者可以采取许多方式进行对比："之前和之后"、某些班级之间、与前人研究相悖之处，或者是教师不言而喻的努力的表现。如何将它们联系起来并进行分析，则取决于研究问题。

编码可以用于对完整的片段、访谈和文本进行分类，以便日后检索。同时，研究者也可以对片段、访谈和文本的各个部分单独编码。数据越简单，就越容易进行分布分析和统计分析；而统计项目越复杂，分析时就越需要研究者个体的诠释。理论上，详细的编码有助于研究者应对资料的复杂性，但资料的贡献始终是有限的。路易斯·史密斯和戴维·德怀尔（David Dwyer）讲述过一个著名的研究案例（1979），研究者用各种方式对数千个简短的民族志片段进行分类。其中一位观察者的计算机记录展示了该项目是如何运转的：

审议委员会会议第 7 次会议定于下午 12:37 在 00003 办公室召开。月度例会仅限当选委员会成员参加。所有委员于下午 12:45 到齐。参会人员有：00138、00193、00203、00003、00213、00193、00223、00223、00143 和 00253（这 10 个编码代表委员会成员，另外数据中还出现了 90110 和 91300，可能分别代表"审议委员会"和"准时"）。

00243 说："我正在看预算报告，应该使用复式记账法。"00103 为一开始就没有使用标准记账表格而道歉。00243、00103、00203、90810、91900、90100、91500、90110、90410、91300。

结果，由于编码系统过于复杂，研究者几乎无法使用。其中出现了太多等价术语，理论上都能够在一本编码辞典中找到，但是太让人摸不着头脑。如果将编码搞得过于复杂，连受过最专业训练的研究者都找不出其中储存的信息。

本书的后续章节会继续谈到编码、话题式问题和论题结构。我一开始就指出了，形成研究问题可能是研究的过程中最需要费心思考的部分。研究问题有时候由研究的资助方决定，有时会在研究过程中逐渐出现，但都需要人们深入挖掘并仔细研究。最好的研究问题会在研究过程中演变，下一章将讨论这样的变化是如何发生的。研究问题不仅要指导资料收集和报告撰写，而且要强化前人研究的意义，说明潜在发现的不同效用。对案例研究来说，好的研究问题尤其重要。因为案例和背景都无比复杂，而现象则是流动的、难以捉摸的。在大量的事件面前，研究者需要一个抓手。

研讨班

在持续一个学期的案例研究方法课程中，学生们花大量的时间进入田野，进行观察和访谈，并阅读文献。如果课程的时间很短，就不可能做到这些。在瑞典的研讨班上，我觉得参与者至少要进行一次田野观察。他们选择了中央高中（Centralia Gymnasiet）的毕业活动作为案例，用一天时间进行观察，形成了长度为1000～1500字的案例报告。可能因为我们对这个案例的兴趣不大，也可能因为这个活动中的大部分时间都好像与教育无关，找到论题式问题非常不容易。卡琳说她很高兴看到家长们用各种奇怪的交通工具把毕业生们从典礼上接回家。马茨说他对于允许戴着白色毕业帽参加典礼这种改变传统的做法很感兴趣。我担心他们的兴趣会导致注意力偏离真正的案例，也就是毕业典礼本身。我鼓励他们关注典礼的教育意义，以及举办典礼所需要做出的有关决定。

瑞典的研究生们观察了毕业典礼、撰写了案例报告，我们也进行了讨论。随后，我要求他们再次试着形成论题式问题。这里举一些他们写的例子：

1. 校长是怎样控场的？
2. 母亲们怎么看待毕业？
3. 与女孩相比，男孩与学校的感情联结消失得更快吗？

"不，不，不，"我说，"这些都是话题式信息问题，虽然这些问题很有趣，但不适合聚焦对毕业活动的深入探究。"于是，我再一次认识到，解释有用的信息式问题和支撑研究的论题式问题的区别有多么不容易。

第三章
质性研究的本质

3

体验式理解

作为方法的诠释

质性研究的其他特征

质性研究的不足

质性研究没有单一起源，其广泛的历史根源体现了几个世纪以来人类好奇心的不断演变，并由民族志学家、社会心理学家、历史学家和文学评论家奠定了正式的学科基础（Bogdan & Biklin, 1982；Eco, 1994；Hamilton, 1981；Stake, 1978）。一个世纪以前，哲学家威廉·狄尔泰（Wilhelm Dilthey）指出，科学**并没有朝着帮助人类理解自身的方向发展**：

> 人类只有通过自己的行动、固定话语和对他人的影响才能了解自己，因此人类认识自己的方式只能是迂回的理解。我们若想知道自己的过去，想知道我们是怎样成长和成为今天的自己的，只能通过从前的行为方式、曾经采取的计划、我们在度假时的感受、尘封的信件和我们对很久以前说过的话的判断……只有当我们把自己的生活经验转移到对我们自己和其他人的生活的每一种表达中时，我们才能真正理解自己和他人。（Dilthey，引自 Richman, 1976, p. 163）

科学当然可以处理这些个体化、情景化的时刻，但大多数"人类科学家"更喜欢研究人口的某种集合，而非个体生活的独特性。质性研究和量化研究的这种区别只是各有侧重而已，二者实则相互交融。无论是在民族志、自然研究、现象学、解释学还是在整体研究中（即任何质性研究中），使用列举法和承认数量差异都十分重要。在任何统计学调查或控制实验中（即任何量化研究中），用自然语言进行描述和研究者的诠释也同样重要。

研究方法论者菲利普·伦克尔（Philip Runkel）将研究者的工作描述为撒网和检验样本（1990）。为了寻找案例之间的普遍联系，我们通过撒网来获取大量案例；而要回答单一的案例是如何运转的，我们就需要检验单个样本。伦克尔认为，撒网是将对不同案例的测量进行统计汇总，是研究相对频次的方法。无论是量化还是质性取向的案例研究者，在研究案例中的频次时都是在撒网，例如有多少毕业生戴着白色帽子参加毕业典礼，或进行跨案例分析（cross-case analyses）。伦克尔所指的样本法旨在通过分析一个样本来了解其所属的群体，样本可以是大规模的，也可以只有一个。样本分析法是案例研究者的主要工具，能够对单一的案例进行广泛而深入的研究。在内生性案例研究中，研究者对推及所属群体的兴趣不大，研究兴趣集中在特定的案例上。不过，案例研究者也会对案例进行局部或整体分析，以理解样本是什么，以及它是怎样运转的。

需要注意量化研究和质性研究侧重点的3个主要区别：（1）调查的目的是解释还是理解；（2）研究者的角色是带有个人色彩还是不带个人色彩；（3）研究是为了发现知识还是建构知识。这里先讨论前两个区别，第六章将讨论建构主义知识。

体验式理解

量化研究和质性研究的根本区别之一，是研究者想要获得什么样的知识。也许有些出人意料的是，这样的区别与量化和质性资料的差异没有直接关系，而是取决于寻找原因还是跟踪事件。量化研究者强调解释和控制，质性研究者则重视理解所有现有事物之间复杂的相互关系。芬兰哲学家格奥尔格·亨里克·冯·赖特（Georg Henrik von Wright，1971）在《解释与理解》（*Explanation and Understanding*）一书中，对作出解释和促成理解这两种探究方式的区别进行了总结：

> 事实上，无论是因果解释、目的解释还是其他解释，每一种解释都可以加深我们对事物的理解，但"理解"有着"解释"所不具备的心理学含义。19世纪，一些反实证主义方法论者强调理解的心理学特征，特别是得到了齐美尔（Simmel）的大力推崇。他认为理解是人文科学领域的一种方法论特征，是学者大脑中对其研究对象的心理氛围、思想、感受和动机的**共情**或再造……同时，理解还与**意向性**（intentionality）相关，解释则不然。一个人理解行动者的目的和目标，理解一个标识或符号的含义，理解社会情境或宗教仪式的重要性。在近来有关方法论的讨论中，理解的这种意向性维度已经开始发挥重要作用。（p.6）

冯·赖特认为，解释是为了促进理解，理解有时也表现为解释。但在认识论上，二者的目的则有显著区别。他强调了一个对案例研究者来说非常重要的区别，即有的案例研究旨在找到原因和结果的相互关系，而有的案例研究则试图理解人类体验。

在上一章中，有两个论题式问题的例子：

I_1：教学任务从4个班增加到5个班，是否影响了教学质量？

I_2：住在本社区之外的教师是否没有承担足够的工作量？

第一个问题希望找到影响教学质量的原因（即解释），这种问题在量化案例研究中更为常见。第二个问题则寻找理解，只描述几乎同时发生的事件，不期待进行因果解释。质性案例研究的论题式问题更多像I_2这样，不描述因果关系。在第十章有关哈珀学校的描述中，研究者很少解释事物为什么是现在的样子，只是深度描述事物在特定的时间和地点是什么样子。

冯·赖特还谈到了共情，即通过亲身体验来理解他人的困境。质性研究试图通过描述［有时是**深描**（thick description）］来向读者传递这种亲身体验的感受，使读者理解共情。

追随狄尔泰的指引，质性案例研究者致力于帮助读者理解这样的事实：重要的人类行动往往具有复杂的形成机制，通常情况下无法找到其确切的原因。在同时发生的诸多事件（例如，会议中的争端、天气的变化、邮件中的信息和获得意料之外的信任，都可能会影响下午的决定）中，研究者若能认识一二也就足够了。这些复杂事件会同时发生，而找到发生的原因则机会渺茫，甚至找到发生原因的可能性也微乎其微。学校制度的恶化或一间教室中教学改革的成功，非但不会是出于简单的原因，也必然无法被简单地证明。质性研究者对人类体验的理解,更关心时序而非因果。

量化研究方法的起源是用科学方法寻找因果关系,最终表现则是宏大理论(grand theory)。为了形成能够适用于不同情境的推论,大多数社会科学取向的社会研究者会在不同情境下开展观察。他们试图消除情境的影响,让背景因素"相互抵消"。他们还试图消解背景,来对相互关系做出最具概括性和说服力的解释。推论是量化研究的重要目标,能够为其他案例提供参考。量化研究者通常把案例的独特性当成"误差",从而将其排除在科学解释之外。质性研究者则认为,单个的案例及背景的独特性对形成理解十分重要。特质性(particularization)是质性研究的重要目标,是为了了解某个案例的特殊性。

从我自己的经验来看,大多数项目评估工作的主要任务都是寻求宏大解释。借助正式的测量和统计分析(即量化手段),研究者能够同时研究大量相似的案例,从而能够对项目做出正式的推论。迈克尔·斯克里文(Michael Scriven,1978)、李·克龙巴赫及其同事(Lee Cronbach and Associates,1980)曾基于项目的特殊性、情境性及政治环境,质疑这种基于统计和基础科学方法的项目评估方式的适宜性,他们都强调评估者在进行项目描述和诠释时的责任。

这些认识论层面的关切又回到了质性研究和量化研究的一般意义。为了更好地进行解释,量化研究者将发生的事件视为描述性变量,并用量表和测量(即数字)来呈现。为了更好地理解,质性研究者在关键片段或说辞中感受事件,用直接诠释和故事(即叙事)来呈现。通过这样的叙事,质性研究提升了读者从案例中获得经验理解的机会。

作为方法的诠释

质性研究的拥护者，如埃贡·古帕（Egon Guba）和伊冯娜·林肯（Yvonna Lincoln）（1982）、埃利奥特·艾斯纳（Elliot Eisner）和艾伦·佩什金（1990）等，都更强调对事件的直接诠释（direct interpretation），而非对测量数据的诠释。列夫·托尔斯泰（Leo Tolstoy）在《战争与和平》（*War and Peace*，1869/1978）一书中写道：

> 人可以通过理性来观察自己，但只有通过意识才能认识自己。（p. 1427）

任何研究都依赖于诠释。在标准的量化研究设计中，从形成研究设计到收集资料并进行统计分析的这段时间，会要求研究者尽可能地不进行个人诠释。这段时间有时会被称为"价值无涉"（value free）期。而在标准的质性研究设计中，会要求对诠释承担最大责任的人进入田野，从而开展观察、做出主观判断、分析综合等，在整个过程中都明确地带着自己的意识。

基于这样的区别，量化研究和质性研究会形成两种不同的研究问题。在量化研究中，研究问题是寻找少数变量之间的相互关系。例如："在不同教室和社区情境中，学生表现和教师培训之间是否存在着持续的相关性？"研究者的工作重点是确定探究的操作性边界、定义变量，并在分析资料之前尽可能地减少诠释的影响。对量化研究者而言，在研究开始时，重要的是诠释变量的相互关系会怎样弥补结果解释的缺陷；在研究结束时，重要的是完善关于变量的推论；在研究期间，重要的是不能让诠释改变研究的路径。

在质性研究中，典型的研究问题指向案例或现象，是为了发现符合预期或意料之外的相互关系模式。例如，"如果阅读治疗项目要求教师必须采取问题解决式的教学方法，会对他们的相互关系产生怎样的影响"，或是"如果项目已经实施了一段时间，对教师的相互关系产生了怎样的影响"。这里的因变量是实验变量，而非操作定义变量。情境条件是不可预知的，也无法被控制。即便是自变量，也会产生意想不到的变化。对研究团队来说，最重要的是对事件的发展和持续的发现进行即时诠释，以调整观察的方向、跟进新出现的论题。因此，质性研究和量化研究在资源分配上也有所不同。量化研究依赖精心设计的工具，并对观察进行冗余控制，而质性研究则要求最有经验的研究者能够直接接触现象，并对资料的含义做出更为主观的判断。在量化研究中，最重要的专业资源会被分配于收集资料之前的工具开发；而在质性研究中，则会被分配于实地开展的诠释性观察。

在梅林·维特罗克（Merlin Wittrock）的《教学研究手册》（*Handbook of Research on Teaching*）一书中，弗雷德·埃里克森（1986）将质性研究的主要特征概括为"以诠释为中心"。他认为，质性研究的研究发现并不是真的"发现"，而是"推断"。在质性研究中，鉴于田野研究中涉及的研究者与他人的密切互动，也鉴于研究建构知识的导向（见第六章），以及研究者对参与者的意向性及自我意识的关注，无论研究报告多么强调客观描述，研究者最终呈现的都是个人观点。

埃里克森回到了民族志学者重视主位论题的传统，即探究研究对象的行为和语言所反映出的关切和价值。克利福德·格尔茨（Clifford Geertz, 1973）将之称为"深描"。深描不是描述客观描述的复杂性，而是描述行动者的特定感受。读者能够接受主观描述吗？研究者的目标通常并不是对事实进行再现，而是激发深入思考，增进读者的认识。德博拉·特朗布尔（Deborah Trumbull）和我（1982）将体验式学习（experiential learning）称为"自然推论"（naturalistic generalization），建议质性研究者要本着将自然推论机会最大化的理念来组织研究。这种依赖行动者和读者的体验的研究方式，也常见于其他许多学科（例如史学、哲学、文学和音乐等）的研究中。克劳德·德彪西（Claude Debussy）在创作《大海》（*La Mer*）时并非身处海边，而是在巴黎的工作室里。他说：

> 我有记忆，记忆比海景本身还有用，因为海景的美总是会限制我的思绪。我的听众也有自己的记忆库可供我挖掘。（Cox, p. 26）

研究的功能不一定是了解世界、征服世界，也可以是加深对世界的认识。质性案例研究追求"深描"、"体验式理解"（experiential understanding）和"多重现实"（multiple realities）。[1] 分

---

[1] 每个人的感受都不同，一方面出于人们的领悟能力不同，另一方面出于体验是意义的部分来源。对不同现实的处理方式见第六章。——原注

析复杂的意义既不能只靠设计，也不能只靠回溯（Denzin & Lincoln，1994）。实现这样的目标，需要始终集中注意力。如果研究者收集资料的主要手段是能够客观诠释的清单或调查项目，就难以保持这样的专注。研究者始终如一的诠释功能，是开展质性案例研究的关键。

质性研究的其他特征

除选择个人诠释而非因果解释外，质性探究的另一个突出特征是强调整体地看待现象（Schwandt，1994）。我将质性研究者的认识论称为存在主义（existentialism）（非决定论，nondeterminist）和建构主义（constructivist）。这两种观点相辅相成，认为现象是通过许多巧合的行动错综复杂地联系在一起。若要理解某个现象，就要理解其更广泛的背景，包括时空、历史、政治、经济、文化、社会和个人等等。

因此，无论是案例、活动还是事件，既是独特的，也是普通的。要理解一个案例、活动或事件，既要理解其他的案例、活动或事件，也要理解每一个案例、活动或事件的独特性。研究者不需要通过对比很多变量来证明这种独特性，因为一个研究对象在大多数时候都并无特别之处。如果近距离地观察案例，人们会发现它在许多方面都史无前例、极其重要；换句话说，人们会发现它重要的独特性。读者在阅读叙事、花絮和体验式话语时会被这种独特性所吸引（Van Maanen，1988），其感受到的案例特点和事件次序也都不尽相同。这种独特性是理解特定案例的关键。

虽然质性研究者会"侵犯"研究对象的生活领域和个人事务,但他们是不干预主义者。他们希望看到的是在没有研究者干预的情况下事物原本的走向是怎样的。在田野调查中,他们不想让自己或自己的工作引人注目。除了给自己找到合适的位置,他们还会避免人为创造情境来检验自己的假设。他们努力观察寻常事物,还会观察足够长的时间,以理解什么在这一个案例中是"寻常"的。对他们来说,自然观察是熟悉研究对象的主要手段。当无法亲自观察时,研究者就会去询问亲历者;如果有正式记录,他们还会翻遍文献。不过多数质性研究者还是喜欢亲身体验,通过去田野中亲身参与[①]进行诠释、认识背景和寻找意义,并通过体验式的自然话语计读者产生与作者类似的思考。

所有的研究都是为了寻找模式和一致性。在哈珀学校,我发现了不少与研究论题相关的、对形成研究报告很重要的行为模式。例如,我发现教师们都认为违纪行为比学业表现不佳更迫切地需要得到关注,我还发现学校改革减少了人们对行政部门的依赖。我认为,量化研究中的相关性或共变量(covariance)就是质性研究中的模式。在思考重要论题时,我会努力构建模式,帮助读者更好地理解案例。

[①] 参与式观察(participant observation)是民族志学家使用的一种技术手段,通过积极参与到所研究的群体中来开展观察,参见沙茨曼和施特劳斯(Schatzman & Strauss, 1973)。——原注

质性研究的不足

在质性研究的反对者看来，质性研究一无是处［来自案例研究专家的质疑，见罗布·沃克的《不应开展案例研究的三大理由》(Three Reasons for Not Doing Case Study Research，1981)；马修·迈尔斯（Matthew Miles）的《有趣却有害的质性资料》(Qualitative Data as an Attractive Nuisance，1979)］。质性研究是主观的，老问题还没解决完，就出现了更多新问题。质性研究对学科科学的贡献不仅缓慢还有争议，其研究结果对推动社会实践的贡献有限，还存在着巨大的道德风险。此外，质性研究的时间成本和金钱成本非常高。

质性研究者试图推动**主观的**研究范式。在质性研究中，主观性（subjectivity）不是需要消除的缺陷，而是实现理解的关键要素。当然，研究者和读者都会经常误解这样的个人理解（Phillips，1990）。产生误解的原因可能是研究者进行诠释时忽视了自身的知识欠缺，也可能是研究方法的缺陷导致无法排除错误的诠释。可敬的是，质性研究者非常注重对观察的检验，会例行开展三角验证（见第七章）。质性研究的三角验证与量化研究的三角验证有着相似的目标，但尚未就严格检验主观错误理解的策略达成广泛共识。

质性研究者研究的现象往往时间跨度很长，还会随着时间推移发生变化，通常都需要很长时间才能被充分理解。这项工作是劳动密集型的，很难削减必要的成本。很多研究之所以得以继续，全是出于研究者的热爱，而且还有许多只有同行才能理解的研究发现。商业和社会服务领域也鲜少从正式的质性研究中获益。研究自己的房间、商店和制度的回报可能比较高，但这种自我研究很少能充分体现专业的学科视角。

许多质性研究都是个人化的研究。即便是非个人化的论题，用到细致观察的活生生的人身上，也会成为个人的论题。隐私始终是个问题，当研究者（哪怕是奉行不干预主义的研究者）提出受访者不曾想过的问题和选项时，都是在"设套"。身边可以被接受的一些行为缺陷，若出现在遥远的叙事中，就可能变成道德问题。有些质性研究者选择"入乡随俗"，适应了当地人的视角和价值体系，但在回到学术同僚中时又来了个反转，很少考量当地人的利益（Stake，1986）。

选择质性研究不能简单地计算收益是否能值回成本。这种深入的、诠释式的研究有着鲜明的吸引力，即便在质性研究不受许多研究机构和研究同僚的尊重时也是如此。人类总是好奇的，而研究者总有特别的动力去探究。在某种程度上说，他们受制于经费制度和自己所在的学科，但这不过取决于他们是不是明确上报采用了质性研究方法，因为所有的研究者都会使用质性研究方法。总有一些时刻，所有的研究者都信奉诠释、整体论和自然主义，而对因果关系不感兴趣。这时，他们就是教科书般的质性研究者。

研讨班

在为期两周的研讨班上，当第一周过半时，我将于默奥大学的研究生分成4个小组，编号为1到4。我让他们想象自己正在观察一组正在为毕业典礼做准备的学生，然后描述自己的想象。

他们根据发放的材料中"多少有点特别的特征"(见下文,编号1到4),用强调质性研究特征的方式,向组员描述自己的想象。

质性研究"多少有点特别的特征"

主要特征

1. 质性研究是整体的。
   - 很好地构建了情境性。
   - 案例导向(案例是个有限的系统)。
   - 反对简化论(reductionism)和要素论(elementalism)。
   - 较少地进行比较,更多地寻求理解研究对象本身,而不是研究对象与其他同类的区别。
2. 质性研究是经验的。
   - 田野导向。
   - 强调可观察性,包括知情人(informant)的观察。
   - 追求自然主义和不干预主义。
   - 相对偏好自然语言描述,有时会忽略宏观结构。
3. 质性研究是解释性的。
   - 质性研究者更多地依赖直觉,许多重要的标准并不明确。
   - 实地观察者通过自由观察来发现与问题相关的事件。
   - 接受研究是研究者和研究对象之间的互动这一事实。
4. 质性研究是共情的。
   - 关注行动者的意向性。
   - 寻找行动者的参照框架和价值承诺。
   - 虽然有研究计划,但研究设计适应新情况,响应新变化。

- 研究论题是主位论题,并逐步聚焦。
- 研究报告为读者提供替代性体验。

好的质性研究的特征

(补充上述主要特征)

1. 其观察和即时诠释是经过验证的。
   - 对资料进行三角验证是例行做法。
   - 会有意地努力去推翻自己的诠释。
   - 研究报告帮助读者做出自己的诠释。
   - 研究报告帮助读者认识主观性。
2. 非胁迫性,避免利用专家的特权地位。
3. 对以人为对象的研究的风险很敏感。
4. 其研究者不仅掌握某些具体学科的方法论、精通这些学科,还精通一些相关的学科。

质性研究因下列选择而不同

1. 目标是知识生产还是推动实践/政策?
2. 追求代表典型的案例还是能够最大程度加深理解的案例?
3. 看重多重现实[相对主义(relativism)]还是单一观点?
4. 报告是提供正式推论还是替代性体验?
5. 试图做出有关价值观的结论,还是推动围绕价值观的辩论?

第四章
收集资料

4

组织资料收集

进入和许可

观　察

背景描述

访　谈

文献回顾

收集资料没有特定的开始时间。在研究者真正开展研究之前,资料收集就已经开始了,包括了解背景知识、熟悉其他案例、形成第一印象等。其中大量的资料都是基于印象的,是研究者在初次认识案例时以非正式的方式收集来的。许多早期印象可能会被进一步完善或被推翻,但最初的观察始终保留在资料库中。

质性研究用于认识事物的方法非常"普通"。这种认识主要储存在大脑中,只有一小部分得以记录下来。所有的研究者都身兼重大的权利和义务:权利是能够关注他们认为值得关注的事物,义务则是从这些选择中得出对同事和客户有意义的结论。经验是质性研究者的主要资质之一。除了日常观察和思考,质性研究者还需要具备的经验包括:判断什么能够推动深入理解,什么是理想的资料源,有意或无意地检验研究视角的准确性和研究诠释的可靠性,等等。因此,质性研究者需要具备敏锐的洞察力和质疑的精神。通过在同事和导师严格审视下的艰苦工作,质性研究者能够获得大部分的方法论知识,形成自身的研究个性,从而有助于阅读本书这样的材料、参加讲座、参与讨论或阅读田野报告（其中某个报告甚至可以成为样本），但专业性的主要来源则是反思性实践（reflective practice）。

从获准进入现场到对资料进行三角验证，研究者在田野中所做的任何工作都要在研究问题的指引下进行。有时，研究者可以制作一张资料收集表，不仅可以留出空格用于补充信息，还能聚焦当下所关注的论题。下面是伊利诺伊大学（University of Illinois）教学研究与课程评价中心团队在撰写《科学教育中的案例研

《科学教育中的案例研究》中基于论题的观察表

观察者：	学校：	日期：	时间： 至
教师： 男／女	年龄 25　35　50　65	年级：	记录时间： 当天
教学经验： 无——多	直接教学： 低——高	#学生：	科目：
Θ＝阿奇波利斯（Archipolis） 对这节课和教学活动的总体描述：		对科学教育论题的评论： I_1 对预算削减的反应 I_2 权威中心 I_3 教师备课情况 I_4 课上发放的材料	
教室描述	教育取向	教学方式	教学参考
学习场所 低——高	照本宣科 低——高	说教式 低——高	科学方法 无——多
科学场所 低——高	标准测试 低——高	启发式 低——高	教育技术 无——多
竞赛场所 低——高	问题解决 低——高	关爱式 低——高	道德、宗教 无——多

究》(Stake & Easley，1979)时所用的实地观察表。[①]请注意，该表中的空格不仅包括所需要的质性和量化信息、一段叙事语言，还包括对一个或多个论题的评论，其中，每条信息和诠释类型都由研究问题决定。

组织资料收集

时间总是太少，我们可能想设计一个精巧的态度量表，或借助临时性推断来得到焦点小组的反馈，但任何方式都会消耗可用的时间。我们想留出时间来处理预料之外的资料源或新出现的论题。我们得深入思考，可能还需要制订一个资料收集计划，通过这个计划来保证这些枯燥的工作（例如撰写观察记录）所需的时间，并随着研究的推进调整时间分配。因此，资料收集计划一定要基于研究问题。

资料收集计划最重要的部分包括：界定案例、研究问题列表、明确可用的支持和资料源、分配时间和经费，以及预期的报告方式。研究者要做的工作总是比预先分配了时间的事项要多得多，要与案例中的行动者们互动，还要阅读报纸上相关的报道，而资料收集计划能够定期提醒我们关注这些细枝末节。特别是面对严格的审查程序（如博士委员会或资助竞争）时，研究者更需

---

① 由于10位案例研究者中的几位认为这个表格不符合他们的工作方式，因此这个表格未能在研究中得到系统地使用。具体而言，他们觉得这种表格会使他们过度偏离原本应当关注的观察点。换句话说，若将这个表格作为概念组织工具，可能会显得过于有力又过于局限。——原注

要精心设计资料收集计划。下表中的指南可以用作制订资料收集计划的框架,研究者也可以进行编辑和补充,提醒自己研究中的重要步骤和需要关注的细微差别。

一套开展田野观察型案例研究的指南

1. 预判
   - 在研究启动时,以案例研究的方式审视或确定研究预期。
   - 思考已有的问题、假设或论题。
   - 阅读更多的案例研究文献,包括方法论和研究范例。
   - 寻找一个或多个可以作为样本的研究。
   - 确定"案例"。案例是指定的、基于代表性选定的,还是只是方便而已?
   - 预先界定案例的边界。
   - 预设关键问题、事件、特征、空间、人和重要标识。
   - 思考初步报告和最终报告的潜在受众。
   - 形成初步的行动计划,包括确定研究者在实地中的角色。

2. 初访
   - 安排初次访问,商讨行动计划,安排定期访问。
   - 签订正式纸面协议,明确观察者和接待者的义务。
   - 与相关人员一起完善访问的规则,包括工会、家长委员会、官员等。
   - 讨论接待者的真实成本和潜在成本,包括机会成本。

- 讨论资料、信息源和报告的保密安排。
- 讨论对报告初稿进行评议以检验观察和描述的需求。
- 讨论在研究过程中和研究完成后的宣传。
- 明确需要提供给接待者的信息和服务。
- 根据需要修改行动计划、观察者的角色、案例的边界和论题。

3. 为观察做进一步准备
- 进行初步的观察活动。需要用其他观察点进行试验吗?
- 为备选的空间、人、方法、论题和研究阶段分配资源。
- 确定特定资料的知情人和资料源。
- 根据需要选择/开发工具/标准程序。
- 建立记录制度、文件和准备录音录像带;确立编码体系;保障存储安全。
- 重新审视特征、问题、事件和受众等方面的优先顺序。

4. 进一步概念化
- 重新审视论题和其他理论框架,用于指导资料收集。
- 了解受众对案例的知晓情况,以及受众想要理解的部分。
- 形成最终报告和传播研究发现的初步计划。
- 确定可能的"多重现实",即了解不同的人看事物有何不同。
- 充分关注不同的视角,并加以概念化。

5. 收集和检验资料
- 观察、访谈、询问知情人、形成日志、开展调查等。
- 记录探究的安排和活动。
- 选择花絮、特殊说辞和例证。

- 原始资料分类；开始诠释。
- 如有需要，进一步明确论题和案例的边界，再次与接待方商讨具体安排。
- 收集额外资料，通过重复试验或三角验证来检验观察。

6. 资料分析
- 通过几种可能的诠释来审视原始资料。
- 寻找资料的模式（包括论题中包含的和未包含的模式）。
- 寻找项目安排、活动和产出之间的关联。
- 形成初步结论，围绕论题形成最终报告框架。
- 评议资料，收集新资料，有意识地寻找能够推翻研究发现的资料。

7. 为受众提供理解的机会
- 详细描述活动发生的环境设定。
- 将报告想象成一个故事，看看故事在哪些方面还不完整。
- 起草报告，为受众复印相关材料。
- 尝试在受众群体的代表中进行介绍。
- 帮助读者认识情境的典型性和相关性，为做出推论打好基础。
- 修改、传播报告和相关材料，并与人交流。

资料收集计划可以成为正式的项目建议书的一部分。想一想项目建议书的评审专家会关注什么，可能会有助于你制订资料收集计划。下面是一份案例研究建议书的评审清单。

案例研究建议书评分要点示例

表　达

清晰度：建议书读起来通顺吗？

完整性：各部分整合在一起了吗？

吸引力：建议书激起读者的兴趣了吗？

内　容

案例：研究者充分界定案例了吗？

论题：研究者确定主要研究问题了吗？

资料源：研究者确定充足的资料源了吗？

方　法

案例选择：研究者选择的计划合理吗？

资料收集：研究者对资料收集活动有计划吗？

检验：研究者说明三角验证的必要性和可能性了吗？

可行性

进入：研究者预判启动研究的安排了吗？

保密：研究者注意保护个人隐私了吗？

成本：研究者预估的时间和资源合理吗？

这些细节很容易让人无所适从。最重要的规划一定要与研究的主体相关：你需要了解什么？你能够发现哪些潜在的相互关系？一些研究者喜欢带着开放的心态进入实地，准备好拥抱任何可能性。而大多数研究者则发现，聚焦重点并进行充分准备才能达到事半功倍的效果，当然，他们也要接受能够揭示案例本质的、意料之外的事件。

案例研究者会用各种方式展示研究进展。有些研究者使用状态板列出需要完成的任务矩阵，以便可以随时增加和删除任务。有些研究者记录不同的任务、论题和资料源所需的时间，以确保时间得到了合理的分配。还有一些研究者预估最终报告的内容框架和所占篇幅，然后记录每部分的预计篇幅，以及资料获取、诠释和撰写的进度。这样的进度跟踪可能会消耗太多时间，而过于执着于最初设定的目标也常常会导致脱离研究的实际。不过，哪怕是随意的记录也非常有价值。

研究者还要有资料存储机制。许多研究者都认为，最重要的是通过个人日记或日志来记下一切，包括日程、电话号码、观察记录、开支等。虽然这些信息被越来越多地存储为电子文件，以便进行分类和编辑，但大多数研究者依然喜欢纸质记录。许多研究者还在使用3英寸×5英寸的卡片，并按音序对卡片进行分类，不过大多数研究者对文本资料进行编码和存储的主要方式还是标准的办公室文件柜，并在文件夹上标注论题、地点和人物。有些资料表需要被复印并存储在不止一个文件里。研究者会尽可能地记住更多的资料，但除了最小规模的项目之外，其他资料都需要编码值和编码表。资料管理是一项需要经验才能掌握的技能。推荐读者阅读迈克尔·休伯曼和马修·迈尔斯在邓津和林肯的《质性研究手册》(*Handbook of Qualitative Research*, 1994) 中的章节。

研究者常常会遇到使用多少录音带甚至录像带的问题。录像带是非常好的记录载体，使研究者能够（但需要花很大力气）分析并进行综合诠释，在形成报告时却几乎毫无用处。不过，一段录像还能被用于补充口头展示、咨询或教学。录音带能够精确地记录每一句话，但因转为文字的成本以及对受访者和研究者的困扰而遭到激烈反对。一些研究者认为，录音会有助于思考、反省和探索，但一个研究者能够处理的录音数据量很小，所以要培养速记的技能，再通过成员核验来确保其准确性。[1]

选择**资料源**往往要靠运气。研究者到场时刚好在场的人可能并不是最好的资料源，研究者需要鉴别最好的人、场所和时机。"最好"通常是指能够帮助我们最好地理解案例，而不是典型与否。为了说明这样的选择，我们以辛西娅·科尔对一个学校的"伙伴"项目进行的案例研究为例。印第安纳州教育厅开展了一项实验，在四年级学生的家里安装了高配置个人计算机，以期提高学业水平。[2] 案例（即一所学校）是事先选好的，每个研究者选择一个案例来跟进，当然也有一些协同进行的工作。由于在家里使用计算机一定会有相应的预期，研究的主要论题与使用计算机对家庭的影响有关。计算机可以被用于处理文档和做记录，也会被家庭成员用于打游戏，不过都得留出一定的时间用于四年级学生写家庭作业。在科尔所在的社区，有50个家庭安装了"伙伴"计算机。她从每个家庭都得到了一些信息，但只能选择很少的家庭来开展观察。选择哪些家庭呢？科尔列出了值得关注的特征：四年级学生的性别、兄弟姐妹情况、家庭结构、家庭管教、计算机使用经验、家里其他技术设备情况等。她与知情人讨论了

---

[1] 若想进一步了解录音录像带的使用，请参阅费特曼（Fetterman）的著作（Fetterman，1989）。——原注

[2] 印第安纳州的"伙伴"项目是该州1990年到1993年间学校改革计划的一部分。该州委托中北部地区教育实验室的威廉·奎恩（William Quinn）进行评估性案例研究。包括科尔的研究在内的总体研究报告并未向外公布，不过科尔的研究成果已经出版（Cole，1993）。——原注

这些特征，按照他们的推荐拜访了一些家庭，获得了所需的资料。她一个个地选择到访的家庭，确保这些家庭的多样性而不是代表性，也不考虑其典型性。因为时间有限，如果学生父母不配合，能够获得的信息会非常少，所以她还考虑了进入这些家庭的可行性和家庭的好客程度。在这里主要标准的选取也是了解案例的可能性。每个研究者都是不同的，每个研究者都得找到自己的方式来有效地理解和描述案例。

进入和许可

研究者几乎只有在"主场"才能完成资料收集。在教育领域的大多数案例研究中，资料收集会侵犯到个人隐私。研究者获准进入的程序，就是认识到自己总是需要获得许可才能进入。研究者进入的是谁的空间？他们要了解学区、学校和教师，清楚案例研究的性质、资助方、将要开展的活动、主要论题、所需的时间和各方的工作量。如果有上级部门的许可，个体之间通常会很快熟悉起来，不过还是应该提供书面的案例工作介绍，一般几段话就够了。但如果相关方有要求，则应该提供具体的工作计划，还要描述案例报告的传播方式，明确是否有计划、有机会请行动者审阅报告的初稿。如果研究者有任何匿名处理的打算，都要明确告知。在请求进入时，还要说明一点：随着研究的推进，这些情况可能会发生变化，而变化的方式将会由各相关方商讨并达成共识。

如果对学生个体感兴趣，获得家长的特别书面许可就至关重要。一些学区有申请这种许可的标准程序，大学和其他研究机构也有保护研究对象的相应规定。这些规定并不完美，有时过于关注有限责任，而不是个体的福祉。由于这些规定无法为受访者提供全方位的保护，研究者就有义务去权衡研究情境的道德问题，在申请进入和许可之前就采取必要的措施。有时候，研究者可能会发现一些麻烦的论题，无故吓到家长或管理者，导致这种选择困难重重。在提出申请时，务必借助其他研究者的经验，还可以与已经在实地的、了解情况的人聊一聊。

除非近期有过不好的经历，人们通常是配合的，并且很高兴有人倾听自己的故事，也愿意帮助别人完成他们的工作，不过对自己是否能从研究中受益却并不持乐观态度。研究者不应该期待他们会尊敬研究者的工作，在提出访问和许可的申请时，尽量不要提到研究会解决问题或带来社会福利。许多受访者会将收到申请本身看作是一种恭维，而一些人会将提出申请视为其在组织里获得的地位的证明。研究者应该说明选择该组织的程序和原因，但不要过度纠正对选择程序的误解。大多数时候，双方会达成口头上的理解，但也要记录相关的书面证明，通常是以申请书的形式。

在讨论研究前景时，要说明接待方的工作量。研究者也许是令人愉快的同伴，但接待令人愉快的同伴也要付出一定的工作量。研究者如果能够提供已有的研究报告，间接描述双方共同参与的情况和可能产生的论题，则会很有帮助。双方都会惊讶于对方的习惯或观点。

无论是研究者还是接待方，都无法预测可能出现的误解。在于默奥大学的田野工作中，一份学生报告记录了如下内容：

在拿到"考试"成绩后，毕业生们冲到大厅，与带着气球和印有毕业生大幅童年照片海报的家人们拥抱，随后乘坐特别的交通工具——通常是装饰着鲜花和彩带的家庭轿车——回家参加派对。

观察这些活动回来以后，本尼（Benny）说："我站得离一家人很近，能听到他们说什么，但我意识到自己不应该听，因为这属于'家庭事务'。"本尼的话让我很吃惊，我一直觉得不小心听到别人的私事不算道德问题，而我们的道德义务仅限于避免不恰当地使用所获取的内容。不过本尼说得对，隐私是指避免个体暴露在亲密圈之外的任何人面前，而亲密圈是由个体决定的。我告诉本尼和他的同学，在很多案例研究工作中，研究者必须大胆地找到自己的位置才能进行观察。也就是说，研究者无法保证绝对不侵犯任何隐私，但同时也意味着研究者必须大胆地审视自己的行为是否干预到了他人的生活——二者很难兼顾。

要尽快抓住机会熟悉案例中的人、空间、日程和问题。虽然研究者急于启动大多数研究，但仍需要安静地入场。科琳·格莱斯（Corrine Glesne）和艾伦·佩什金在《如何成为质性研究专家》（*Becoming Qualitative Researchers*，1992）中呈现了一个入场的范例。他们呼吁研究者要像壁纸一样低调而有趣。一些田野工作者喜欢做点什么来报答善意或弥补侵犯，例如为图书馆带几本书、安排一场讲座或员工培训等，最好是与正在进行的研究无关的内容。如果有资助，将知情人和接待方的餐点支出单列出来也合情合理。研究者希望在研究结束之后再呈现研究的发现当然可以理解，但当研究结束时，相关行动者也就失去了兴趣。有意地让行动者不感兴趣也不失为一个好主意，不过对受欢迎的研究者来说，做到这一点也许并不容易。当行动者不再有兴趣进一步了解研究内容时，其表现出的现象才更有可能"返璞归真"。

有关进入的另一面是离开的策略。研究者通常不知道哪一次到访是最后一次，每一次都有可能是最后一次。因此，研究者要有一般的常识和礼貌的举止，要仔细回想自己做出的承诺有哪些还没有实现。当研究者离开实地时，不能影响任何人继续履行自己职责的能力。

观　察

需要再次重申的是，案例是观察的目标。研究者进行观察，是为了更好地理解案例。研究者要基于论题来完善观察计划，确保观察与论题是相关的。如果案例是课程，主要论题是反对课程内容，就不能将观察主要放在课堂上，因为课堂教学不太可能会表现出对课程内容的反对。我们希望增进对案例的理解，但也只能从几个角度观察而已。因此，研究者要根据论题来选择机会，以便进一步熟悉案例。

量化资料的含义要通过汇总和分类处理才能揭示，而质性资料或诠释资料的含义则直接由观察者决定。如第二章中"教师说"和"学生说"这样的编码资料，也可以用叙述性语言来呈现。请看下面在阿纳科特斯中学（Anacortes Middle School）进行

的诠释观察:[1]

比尔·洛夫的中级乐队班

中级乐队班的中学生乘坐校车到几个街区外的高中集合。今天乐队排练室来了 **44** 个学生,座位呈乐队式摆放。在每个人热身之后[有向克莱门汀(Clementine)致敬的意味],比尔·洛夫(Bill Love)让他们听 5 分钟的音阶,随后进行补考。每个学生至少每两周要独立演奏几个小节。学生自己选曲,然后大家一起演奏。随后,要考试的学生演奏自己的部分,其他人则保持安静。洛夫会进行一些诊断性、建议性的点评。学生们知道,表现最好的和最差的学生得到的批评都一样温和。

乐队会一起学习一些特定的乐段。今天他们演奏的是《科技曲》(*A Technic Tune*),他们反复练习了几遍。洛夫让他们停下来想想概念和符号,找到连奏、断奏、重音和保持音,但只有几个年轻人能找到。接下来演奏的是《钱花在哪儿了》(*That's Where the Money Goes*),这首曲子对技术的要求更高,特别是切分音。随后,洛夫改用了小军鼓来演示,向愿意听的学生解释原因。概念化当然很重要,但看来他更多的是改进表演而不是促进理解(如果能够区分开这两个目标)。

---

[1] 引自我在阿纳科特斯中学开展的案例研究。见我和布雷斯勒(Bresler)、马布里(Mabry)的合著(Stake, Bresler & Mabry, 1991, p.35)。——原注

> 他们开始演奏《美国爱国者》(*American Patriot*),演奏得很有激情。在第二段的小号部分,学生突然发出咯咯的笑声。然后,他们又演奏了《蓝石》(*Blue Rock*)。洛夫后来沉思道:"时间永远不够,这些练习非常重要。"

虽然这里不能用确切的数字来表示比率,但研究者和读者都会同意:这节课显然由教师主导(即这位考虑周到又非常称职的教师比尔·洛夫),而不是培养学生对自主学习的责任感。研究者可能会引用上面的段落,以说明教师说多过学生自主地说。

在观察期间,质性案例研究者对事件进行记录,以便为进一步分析和形成最终报告提供**没有争议的描述**。研究者通过这种方式去讲述案例的故事、情境、问题和解决方案,以及解决不了的问题。这样的讲述通常没有历史背景,看不出什么与论题有关,什么能揭示案例的深度。如果一些研究者没有看到故事,而另一些研究者却看到了,这就足以令人担忧。有多少故事是他们编造的?大多数读者都喜欢阅读直接呈现的故事,但也希望研究者在其中加入自己的诠释,揭示其他人所不能体会的含义。在观察过程中,故事通常会逐渐成型,但有时直到研究者把许多观察记录堆在一起时,故事才会出现。有经验的研究者会调整日程,趁着观察结果还鲜活时,就在安静的角落里写下观察记录。

在观察期间,质性案例研究者关注类别或关键事件,留意可能影响后续分析的背景条件,但会聚焦这些类别、事件或背景构成的总体。在研究过程中,研究者尽可能地不去诠释个体间的相互关系,以免影响总体的客观性。一方面,研究者的思维可能较为封闭,没有找机会拓展或完善研究设计;另一方面,研究者会检验每个总体、每个事件，为寻找可能改变总体的不同视角创造可能性。工作表通常会限定变量类型的含义。每一次成功的观察都应该与其他观察形成合力。研究者在两次观察的间隙可以稍做放松，随后着手准备下一次资料收集。

要注意量化观察和质性观察的某些相似和不同之处。二者都需要研究者认真规划，都强调代表论题的案例活动的类别或种类。量化研究通过汇总编码数据来证实共变量，而质性研究通过呈现独特的相互关系的片段来讲述一个故事，或对案例进行独特的描述。更具有质性取向的研究方法通常意味着要找到一些绝佳的时刻，来揭示案例独特的复杂性。

背景描述

若要为读者提供**替代性体验**，给他们营造"在场"感，就要详细描述所处在场所的物理情境，包括入口、房间、景观、走廊、在地图上的位置和装饰等。案例发生的场所既是独特的又是普通的。对大多数研究者和大多数读者而言，物理空间是产生意义的基础。

如果研究者需要总结不同课堂或不同空间的情况，就要遵守一些核对程序。为了研究科学课堂，我们设计了一个清单，表4.1呈现了其中一部分。观察表中的空白主要用于自然语言描述，记录课程和活动，并特别关注与主要论题相关的一切。页面下方的列表是对课堂进行的编码数据描述，采用了零到多或低到高的四级量表。（这一版表格忽略了对课堂物理空间的一些描述。）

除了物理空间，其他背景因素也能体现某一案例与其他案例的相似性。物理背景的重要性不亚于某些其他背景因素，其重要程度取决于案例和论题。如果案例是某个人，家和家庭通常是非常重要的背景。如果论题是评估或效率，经济背景就十分重要。为案例研究提供支持或要求开展案例研究的客户、研究报告的读者，也许会指出研究者需要调查的历史、文化、艺术等背景因素。在瑞典的两周时间里，我们常常在分权或移民子女公平等政治背景下讨论教育论题。与其他地方的研究者一样，于默奥大学的学生也会把自己的好奇心和才能带到研究中。克里斯蒂娜（Kristina）对舞蹈教育感兴趣，布利特-玛丽（Britt-Marie）则对手工艺教师倡导教育公平感兴趣。他们精通特定学术研究的特殊领域，也极有可能通过这些背景因素帮助他人理解他们将要研究的案例。

案例研究的内生性程度越高，就越需要对背景予以更多的关注。案例研究的工具性程度越高，某些背景因素可能很重要，但其他对案例而言重要的背景因素却可能对研究毫无意义。内生性和工具性目的之间的区别，会在一定程度上决定研究者对背景因素的关注程度。

访　谈

我们不能亲自观察的事物，大多由他人观察过或正在被他人观察中。案例研究的两个主要功能就是获得他人的描述和诠释。每个人眼中的案例各不相同，而质性研究者以发现和展示看待案例的不同角度为傲。访谈是揭示多重现实的主要方式。

就像收集观察资料一样，访谈者需要事先制订访谈计划。访谈者在访谈中会很容易错过提出好问题的机会，引导最知情的受访者聚焦选定的论题也是难上加难——他们有自己的论题，很多人都喜欢被倾听。在案例研究中，得到默许进行访谈也许是最简单的部分，而进行一次成功的访谈却没那么简单。

路易斯·德克勒（Louis Dexler）的《精英和专业访谈》（*Elite and Specialized Interviewing*，1970）和迈克尔·巴顿（Michael Patton）的《质性评估方法》（*Qualitative Evaluation Methods*，1980）等著作都不失为成功进行访谈的指南。然而，大多数作者都倾向于调查资料汇总。斯坦利·佩恩（Stanley Payne）的《提问的艺术》（*The Art of Asking Questions*，1951）特别适用于新手，从"需要知道什么"出发来设计问题的基础步骤。安德烈亚·丰塔纳（Andrea Fontana）和詹姆斯·弗雷（James Frey）对访谈在质性田野研究中的应用进行了完整介绍，可参见邓津和林肯的《质性研究手册》（1994）。

质性案例研究很少采取用同一个问题来问不同受访者的方式。[①]质性研究者认为，每个访谈对象都有其独特的经验，都有特别的故事可以讲述。开展质性研究的访谈者会带着几个基于论题的问题，也可以把问题清单发给受访者，以表明访谈中会完成哪些议程。访谈的主要目的不是得到"是"或"否"的回答，而

---

① 在研究中，研究者通常会调查所有受访者，再从中选择几个开展案例研究。在案例研究访谈中，重要的是验证调查问题，确保所有受访者和选择的少数案例这两个群体之间的可比性。般在研究城市官僚机构时，发现二者非常相似（1979）；而斯塔克和伊斯利则认为调查过于简单，无法验证案例研究中的发现（1979）。——原注

是描述一个片段、一种关系或一个解释。构思问题并预判怎样提问才能得到好的答案，是一门特别的艺术。量化访谈会伴以量化观察，追求的是汇总多个受访者的感受或认识。研究者应当基于研究问题而预先设计一系列问题，但不要局限于研究设计。

研究者通过试验来检验这些问题，至少在大脑中进行预演，应该成为常事。在实际交流中，访谈者大多数时候都在倾听，根据场合或多或少地做些记录，但要控制资料收集的过程，思考应该以怎样的形式成文。研究者要时刻记着主要问题，小心地尝试提问，有时候还需要提出一些"愚蠢"的问题，以确认受访者所说的内容，或询问他们是否表达了一个明显离谱的意思。可能的话，访谈者要享受访谈，但其主要任务是记录访谈。

记录访谈也是一门艺术。在访谈的几个小时中，研究者要形成书面实录，记录关键想法和捕捉到的主要片段。对许多研究者而言，除非最后打算呈现音频，否则录音机没什么作用。[1] 记录受访者的精确用词通常不是很重要，重要的是所表达的含义。优秀的访谈者会对受访者的话语进行重组，再请受访者帮助他们在准确性和语言风格上予以完善。受访者通常不喜欢文字整理稿，一方面是由于他们用的句子不优美，另一方面是由于文字整理稿不能表达他们真正的意图。文字整理稿在脱离访谈情境很久后才能完成，语境中的潜台词早就失去了意义。比起依赖录音或疯狂记录，更好的做法是倾听、做记录，再通过提问进一步澄清。也

---

[1] 如果要对访谈或会面进行录音，研究者需要充足的时间来听录音，即便听两次都不足以理解没那么直白的意义。如果研究者进行录音整理，得认真分析整理稿才对得起这笔投入。除非录音非常有用，否则研究者就应该把资源用到其他地方，只为获得一份记录这一理由并不充分。——原注

许最重要的是，在访谈结束后，研究者应坚持**立刻**用充足的时间和空间来重现访谈并进行诠释式评论。

田野观察和访谈都可以被用于找出发生的事物，但要注意二者的区别。研究者能够观察到什么通常不由他们控制，他们只是来到事物正在发生的地方，期待看到（如果没有他们的到来）事物原本的走向。而访谈的范围则由访谈者设定，受访谈者影响。如果访谈者跟着受访者的兴致进行访谈，会得到很多关于受访者的信息，但通常不是我们需要知道的、受访者曾经观察到的事物。如果我们只通过观察就能得到所需的一切信息，就再好不过。可是我们通常只有有限的时间，因而不得不依赖他人的经验。有时我们会关心受访者的评论。这些就是进行访谈的原因。当然，如果我们能亲眼看到，通常会好得多。

在哈珀学校的田野工作中，我在学校待了10天，其中半天跟着两大公交车的高年级学生一起到高科技产业基地参观，半天去了员工发展中心，在男孩女孩俱乐部停留了几个小时，还去了警察局一个小时，开车在附近转了几个小时。去这些地方的经历很重要，让我更加了解这个地方、这些人和这段时间。访谈主要是在男孩女孩俱乐部和警察局进行的，不过最重要的事都发生在学校——我有2/3的时间在学校，其中大约1/3的时间用于进行正式访谈。在加森（Garson）先生的教室进行全天观察的那一天，对我理解教师和学生的优先事项、改革的准备工作来说是最有用的一天。当我第一次到哈珀学校时，对如何分配时间没有什么想法，我只是不停地寻找机会来理解这所学校。

找到一位知情人会对我们理解案例有极大的帮助。在电影中，知情人或多或少都是叛徒；而在社会学领域，知情人只是非常了解案例又愿意交谈的人而已。知情人可以是秘书，也可以是副主管。在接待方同意的情况下，研究者以各种方式为一个特别的知情人所提供的信息付费的现象非常常见，例如咖啡、啤酒、午餐等。在哈珀学校时，我在某一天留下了一筐苹果。知情人作为受访者，能够为研究者提供后者无法亲眼看到的观察结果，通常是二手的观察结果。①

文献回顾

几乎所有的研究都需要查阅报纸、年报、信件、会议纪要等文献，通过研究文献来收集资料的思路与观察或访谈的思路相同。研究者需要进行结构化的设计，同时对预料之外的线索持开放态度。研究者要提前认真设计研究问题，建立研究推进机制，还要提前预判不同文献的用途，合理地分配时间。然而，研究者通常无法提前确定研究单个文献所需要的时间。在芝加哥的案例中，仅仅是找到学校最重要的文献（即《学校改进计划》），我们就花了比预期多得多的时间。研究者很少能完全执行文献研究计

---

① 在哈珀学校，我并没有找到这样的知情人。校长非常乐意花时间接受访谈，但她已经分身乏术。家庭服务协调人尽了最大努力让我看到这些孩子的生活现实。在这样一个全部由非裔美国人组成的惨淡的城市街区，我总觉得自己是个外人。有一天来了一位访客，一位比我年轻很多的老年妇女叫我的名字，说她有事情要跟我说。我把她带到教师休息室，她很快就拉着我的手一起祈祷，想让我为她的孩子买"配方奶粉"，为她的家人买回家的火车票。校长问我："这是怎么回事？"我尴尬地告诉了她。她笑着说："这样你就是我们中的一员了。"我并不觉得自己成了他们的一员，不过这话让我觉得我的40美元没有白花。——原注

划，但有个计划能够让其更加关注前人的经验和挫折。

大多数田野研究者会收集新闻报道的简报并进行编码或归档，以便于检索。研究者表现出对不同文献的兴趣，他们得到许多行动者和同事的帮助，密切关注有用的文献。

《学校改进计划》和成绩报告单等文献能够记录和测量案例。研究者可以对文献进行频次分析或列联分析，例如用学生学业表现来说明学校成功的频次等。通常情况下，文献只是用于替代研究者无法直接观察的活动的记录。当然，文献记录者有时可能是比研究者更专业的观察者。

研讨班

在于默奥大学，我们讨论了什么样的访谈问题才能让受访者描述访谈者无法亲身经历的场景。我按照"剧中剧"的方式，同步安排了两个时长为10分钟的访谈。在没有进行任何准备的前提下，由玛加丽塔（Margareta）和安妮卡（Annika）扮演访谈者，由凯塔琳娜（Katarina）和英瓦尔（Ingvar）扮演受访者，其他人分成两组，分别观察两个访谈。访谈要获得的信息是请受访者描述一个葬礼，也可以是其亲历过的其他情感或创伤事件。在访谈结束后，两个观察组的成员两两配对进行访谈，交换从刚刚观察到的访谈中获取的信息。随后讨论了两个场景中的访谈应该聚焦切实发生的事件还是受访者的感受，思考了什么样的问题能够最大程度地从见证者那里获取观察资料。

第五章
分析和诠释

5

分类汇总还是直接诠释

对应关系和模式

自然推论

资料分析同样没有特定的开始时间。研究者对第一印象和最终文稿都要加以分析，才能赋予其意义。分析的本质是拆解，拆解我们的印象和观察。我们从未见过像瑞典这种形式的毕业典礼，把这个新的印象拆解成不同的部分，再分别赋予意义。这并不是说要给开始、过程和结束这样的组成部分赋予意义，而是给对我们重要的部分赋予意义。看看下面的例子：瑞典家庭仍然希望18岁的孩子有家庭观念；许多毕业生戴着白帽子，这种帽子曾因划分"富人"和"穷人"而遭到抵制；在公园的香槟早餐结束之后，不少学生都有点醉意，有些学生看起来像是打算要去找一两个老师算账。分析和诠释就是要理解这些事件的意义。这部分跟那部分有什么关系？我们要不停地进行分析。我们在研究中可能会有一段需要抛开其他工作、集中精力进行分析的时间，可能还要在日历上标注两周的"分析"期。但是，哪怕是对量化研究者而言，分析也是理解意义的不断努力的一部分。

质性研究充分利用普通的方法来理解意义。每个人都会遇到很多奇怪的对象和现象。在很长时间里，这些对象和现象与我们熟悉的一切都格格不入，但突然就会变得似曾相识。就像我们出乎意料地碰到多年不见的人，一开始没有认出他们，随后突然觉得奇怪——我们明明认得这张脸，为什么没有第一时间认出来。

有时我们会碰到全新的事物，哪怕在科幻小说里也不曾见过，以至于完全用不上先前的经验。如果需要给它起个新名字，我们会很纠结，要建立一个新的分类也十分困难。案例很少会单独存在，如果有一个，就一定会有很多。我们对这一个体感兴趣，也会对它所代表的总体感兴趣。我们会在大脑中解构它，分别审视它的各个部分，看看不同部分的相互联系，也看看能否将这些部分归入其他分类。这个过程是自然发生的，不需要我们有意识地进行设计。当研究者遇到奇怪的现象时，基本也会有同样的反应。研究者当然会有一些设计，帮助他们系统地吸收先前的经验，以避免错误的认识。寻找意义的过程既是艺术，也是直觉。在于默奥大学的研讨班上介绍分析和诠释的这个无法言传的特点时，我引用了特德·休斯（Ted Hughes）的诗（1971，p.628）：

思想之狐

我想象这午夜的森林：
有什么别的东西还在活动
　　伴随这时钟的孤寂
和我手指摩挲的这张白纸。

透过窗我看不到星星：
　　暗夜里有什么东西
　　趋近却更幽深

正挤进这孤寂:

一只狐狸的鼻子,冰冷似暗夜的雪
小心精细地触碰着枝条和叶:
两只眼随之而动,一下
再一下,时断时续

在林间雪地里留下整齐的印迹
在树桩旁小心地落下跛动的影子
在空洞的躯体里
大胆地穿过

一片片开阔地,一只眼,
一种不断弥漫并加深的绿,
闪耀着,凝聚着,
自顾自地成形

紧随一阵突然而剧烈的狐狸热臭
它进入头脑的黑洞。
窗外依旧看不到星星;时钟滴答走动,
而纸上,有了印迹。[①]

[引自泰德·休斯《雨中鹰》(*The Hawk in the Rain*),经费伯-

---

① 译文选自泰德·休斯:《雨中鹰及其他》,曾静译,广西人民出版社,2021年。——编者注

费伯出版社（Faber & Faber Ltd）授权]

思想从哪里来，意义又从哪里来，都还是个谜。白纸不会自己书写，研究者只有通过发现和分析，找到合适的氛围和时机，反复阅读文字并深入思考，才能逐渐加深理解，随之在白纸上写满文字。

分类汇总还是直接诠释

研究者通过两种方式来寻找案例新的意义：一种是对单个事例进行直接诠释，另一种是通过事例汇总来寻找它们的类别特征。这两种方式在案例研究中都会被用到。即便是在内生性案例研究中，案例工作者也会对行动进行排序、对特征进行分类、对基于直觉的汇总进行加总。即便是在工具性案例研究中，一些重要特性也只会出现一次，例如，亚当向后靠到加森先生身上，轻轻地拥抱了他。

在第一次观察加森先生的课堂时，我发现自己听不懂他对孩子们说的一些话。我没有兴趣汇总能听懂的和听不懂的部分，并试图从中找到可以理解的证据。我听不太懂他的话，但孩子们显然能听懂。于是我对加森先生授课的易懂性进行了直接诠释，这也是我对这个片段所做的重要诠释。关于他的方言和文化背景对课堂教学的影响，当然有许多值得研究的地方，但我不觉得有刻意汇总资料的需要，于是就给从这一个片段获得的有限印象赋予了意义。

当亚当把扫帚扔到旁边的孩子身上时，我立刻对他和其他孩子的互动下了结论：喜欢挑衅、嘲弄人、引人注意。当然，几分钟前我还看到他同样嬉皮笑脸地阻止其他孩子上楼梯。所以我也是在汇总和检验自己关于他是哪种孩子的假设，不过并没有推迟我的诠释。我的做法是不去想这样的问题：他的一贯表现就是这样吗？这种情况多久发生一次？如果他母亲的男朋友在这里，他还会这么做吗？他的行为是受什么影响的？在六年级男生中，这种表现普遍吗？我的做法就是继续观察他。

针对哈珀学校案例中的一些论题，确实有进行分类汇总的必要。我想了解教师帮助学生应对学业考试的能力如何。在我看来，哈珀学校是否做好了改革的准备，取决于校长对其教师的能力有多了解。我推测校长很了解教师的能力，但发现她不愿意给我讲述细节。[1] 我把从各处得到的信息拼凑起来，形成了对教师能力的整体印象，从而得出了结论。我认为哈珀学校教师的能力证实了我的推断，即教师不是学校改进的主要障碍。我对自己的结论并不是十分有信心，所以试着提供更多的描述，以便让读者能够做出自己的诠释。我并没有进行持续的、客观的和标准化的资料汇总，但仍然采取了分类汇总来确定教师能力不是最弱的一环。

在自然主义的案例研究中，质性方法和量化方法的区别在分析阶段表现得最为明显。质性研究者聚焦事例，先对事例进行拆解，再用一种更有意义的方式整合起来，这就是直接诠释中的分

---

[1] 在芝加哥的下一所学校进行案例研究时，那里的副校长很愿意跟我聊每一位教师教授数学课程的能力。在报告中，我一个个地列出了他们的化名，因为我非常确信他们需要补齐短板，但也非常确信他们已经尽力去寻求可以获得的支持。因此，我呈现了原始的分类资料供读者分析，同时也提供了我对该情境的诠释。——原注

析和综合。量化研究者则寻找事例的集合，期待从汇总中发现与论题相关的意义。对我来说，看到亚当在桌子下面碰克斯廷的牛仔裤就是一个事例。克斯廷更成熟一些，她躲开了。加森先生可能也看到了，但什么也没说。界限在哪里？为了让亚当留在学校，他会容忍到什么程度？这个事件有助于我理解学校改革对哈珀学校的教师意味着什么。但作为研究中的一个事例，它对我的质性思考没有多大贡献，我也没有发现其他的事例来加以汇总。这个事件当然与研究相关，但可能会转移研究的焦点，因此我在报告中没有呈现。

如果我是个更加秉承量化取向的研究者，可能会坚持认为亚当与克斯廷事件是一个为了不致让亚当退学而违反规则的事例。如果我是个更加秉承量化取向的研究者，我可能会提前认识到，正是这种特别的师生关系（例如教师们利用课堂碎片时间的不同方式），导致教师们认为学校改进更多地是为了提高学业成绩，而不是为了拯救这些年轻人。如果我是个更加秉承质性取向的研究者，我可能会花更多时间来思考单个的事例，而不是梳理整个场景来寻找其他事件，试图证实或证伪我对师生关系的假设。量化取向的我会从重复的现象中寻找意义，质性取向的我会从单个的事例中寻找意义。

量化取向的我和质性取向的我都会不时占据上风，但两个我加在一起，才成为一个有时有些纠结的分析者。在注意到加森先生试图挽救亚当的努力时，我立刻开始寻找能够印证或推翻这个印象的事件。我并不是要建立对应关系或相关系数，只是想理解这些人。加森为了亚当而违反规则，他把亚当带离这个脾气大只会更加坏事的场景中，他花在亚当身上的时间比花在其他年轻人身上的时间都要多。所以我也是在汇总，只是没有使用我从外部带入的变量和分类，而是随着研究的推进逐步界定自己的变量和分类。我很少用正式的统计术语来描述相互关系，也很少表达对自己研究结论的信心。因为我的研究方法与随机样本完全不同，在随机样本代表的总体中，这种相互关系可能并不存在。我呈现的是自己的诠释。作为研究者，我希望被认可，希望我的诠释被认可。我的分析不是为了描述整个世界，甚至不是为了描述整个案例，而是追求尽可能近距离地注视它，尽可能深入地思考它，从而理解对案例的观察。我的分析是非常主观的，我采取这样的方法是因为我不知道还有什么更好的方法能搞清楚案例的复杂性。我知道这种方法不是"正确的方法"。类似本书这样的方法书只是作者的一家之言，而不是拿来就能用的秘方。每个研究者都要通过体验和反思，才能找到适合自己的分析方法。

这就是案例研究，而不是一般意义上的质性研究。[①] 内生性案例研究的主要任务是理解案例。理清相互关系、探索论题、分类汇总资料等方式也会有所助益，但都要服从于理解案例的目标。案例是复杂的，而我们能够用于审视其复杂性的时间却很短

---

① 质性案例研究者能够从一些质性研究方法的书中找到指引和提示性启发，例如波格丹和比克伦（Bogdan & Biklen, 1982）、迈尔斯和休伯曼（Miles & Huberman, 1984）、格莱斯和佩什金（Glesne & Peshkin, 1992）等。但是，这些著作并没有讨论案例研究者必须关心的案例的独特性和优先性。即使是有关案例研究方法的著作，例如般（1994）以及费金、奥鲁姆和斯约伯格（Feagin, Orum, Sjoberg, 1991），都聚焦工具性案例研究，对内生性案例研究者的帮助不大。劳伦斯·斯滕豪斯（Lawrence Stenhouse, 1978）、史密斯（Smith, 1979）、西蒙斯（Simons, 1980）和斯蒂芬·凯米斯（Stephen Kemmis, 1980）都认为，当对某一案例到其他案例的外推的兴趣显然是次要的时，与直接诠释和叙事描述相比，分类资料的正式汇总会逊色得多。——原注

暂。如果花费太多时间来对分类资料进行正式的汇总，有可能会将关注点带偏到各种细枝末节或背景因素上。通常情况下，我们会把主要的时间用于直接诠释。在工具性案例研究中，案例是为了帮助我们理解现象或现象中的相互关系，就更需要资料分类和测量。于是我们会放弃关注案例的复杂性，转而聚焦研究问题中确定的相互关系。研究的性质、研究问题的焦点和研究者的好奇心都会影响我们对分析策略的选择——分类汇总或是直接诠释。

对应关系和模式

寻找意义通常就是寻找模式，也就是寻找在特定条件下的一致性，即我们说的对应关系。旷课与性别有关，讨论是否需要校服与帮派泛滥有关。通过文献回顾、观察或访谈，我们能够很快发现模式；通过记录编码、频次汇总，我们也能够发现模式。我们还可以双管齐下。有时我们在单个事例中发现意义，但重要的意义通常会反复出现。无论是分类汇总还是直接诠释，都在很大程度上依赖于寻找模式。通常情况下，研究者会基于研究问题而对模式进行预设，以作为分析的模板。有时候，研究者通过分析也会发现意想不到的模式。[1]

要记住，我们想要理解的是案例，要带着对应关系去分析片段或文本材料。我们要理解的是特定案例的行为、论题和背景。如果时间非常有限，可以通过"那意味着什么"这样的问题进行

---

[1] 对行动者自身非常重要的主位论题有时在分析后期才会出现。——原注

直接诠释，以寻找模式或意义。但对于更重要的片段或文本段落，我们必须花更多的时间反复审视、反思，进行三角验证，要反复质疑第一印象和简单意义。针对用于推断的最关键证据，则要将最相关的重复证据和对应关系表抽出来，检验基于这些资料是否足以进行推断。

如果研究时间和研究兴趣允许，我们的大多数观察都值得进行正式分析。但为了进一步诠释，我们只能选择部分最有价值的观察写入报告。你也可以提前决定观察中要进行编码的资料，或者对记录或文本进行编码，还可以只做直接诠释。在处理最重要的资料时，你可以使用预设的编码，但要另行检查资料，并在必要时引入新的编码。

我是这样做的。下面是我离开课堂之后立刻写下的观察记录的前39行。[1] 我带着论题开展课堂观察，但当我再次阅读《拉里·埃克的艺术课》（"Larry Ecker's Art Class"）记录时，并没有考虑这些论题。

通过审阅这39行记录（当然我无法确保其中绝对没有对此前观察的诠释），我确定了三个值得继续关注的论题：

I_1：教师应该允许/鼓励学生表达多少；在不同情况下应该为六年级学生创造多宽松的环境。

I_2：年轻人准备好进行学习的程度；教师对应该立刻关

---

[1] 拉里·埃克是在哥伦比亚中学任教的艺术家，在盖蒂艺术教育中心（Getty Art Education Center）为证明一些学校已经开展了以学科为基础的艺术教育而进行的研究中，该"磁校"（magnet school）作为研究对象。参阅戴、埃斯内、斯塔克、威尔森和威尔森（Day, Eisner, Wilson & Wilson, 1984）。——原注

注的问题的重视程度。

I_3：艺术教育中的概念教学法、计划性和培养反复思考艺术创作构图的重要性；认识图像的来源。

拉里·埃克的艺术课

1. 六年级学生吵吵闹闹三三两两地走下楼梯，
2. 进入地下室。"坐好。"大家都坐好了，只有邦尼除外，
3. 不知道为什么她还在盯着铅笔刀。"看这里，"
4. 埃克先生说，"记得昨天我们根据三个来源画画：
5. 幻想、观察和回忆。"一个孩子说：
6. "回顾。""是的，比如回顾。"（停顿）"马克，你怎么答应的？
7. 文斯，把脚放下。听着，我不能让一两颗老鼠屎
8. 坏了一锅粥。"学生们点了点头。
9.
10. "现在回想一下你昨天的画。你用了哪个类别？"
11. 他和学生们讨论他们画了什么，以及为什么画。所有人
12. 都看着他。"是什么让你的画这么好看呢？你在画的时候改变了主意，
13. 对吗？是什么告诉你应该
14. 做出改变呢？"
15.
16. "今天我想让大家画一幅新画。明天完成，
17. 或者周四之前吧。我希望新画能画得很好。

18. 我希望你们结合观察、幻想和回忆这三个来源。
19. 你们必须画满，画到纸的四边。
20. 先用铅笔画，再上色。"
21.
22. "请大家观察自己今天穿的**鞋子**，然后画下来。
23. 一只也行，两只也行。如果你的袜子比较干净，
24. 也可以把鞋脱下来。"学生们回应"**噁**"和白眼。
25.
26. "然后是**环境**，我们通过幻想来创造环境。也许你的鞋
27. 可以在水族馆里游泳，也可以穿着太空服登上月球。"
28. 学生们提了几个"**可以是……吗**？"的问题。"没问题，
29. 越不切实际越好。好了，拿出你的绘画材料，开始吧。"
30.
31. 大部分学生都动起来了。邦尼在跟一个男孩打架。
32. 芭布靠在椅子上，低着头，一动不动。
33. 学生们很快都坐好了，连邦尼和芭布也坐好了。他们画画的速度比昨天快多了，
34. 但总有人作势屏住呼吸，或者威胁要脱鞋攻击。
35. "戴维！"拉里不得不分散注意力来维持秩序。
36.
37. 然后他问："谁还没有想法？"托尼举起了手。
38. "好吧，如果你画不了，就把铅笔收起来。"他平静地说完，
39. 没有采取任何行动，托尼肯定知道他不是这个意思。12分钟过去了。

上述第三个论题是主要的客位论题,即资助方希望研究团队去记录和关注的论题。第二个论题是主位论题,我一开始不认为自己会对它感兴趣,后来认识到如果不深入探究这个论题,就不可能充分理解我的案例。①

我针对 I_2 建立了一个新的文件,即一个新的编码——"学生学习品德"。无论是在我的文件柜里、我的大脑中还是在我观察之前用于提醒自己的便签上,我都会用这个编码来引导我的注意力。如果遇到另一个有关学习品德的事例,我就在文件中增加一条记录,并加以评论。我也会时不时地翻阅这个文件,有时候补充一段诠释性文字,以便最终报告成文时可能会用到。在我的分析中,质性编码通常也就用到这个程度。

但在课堂观察中,我决定对观察进行分类汇总。我的主要客位论题是 I_3(艺术作品概念化)、I_4(用教育手段让学生实现自己的诠释)和 I_5(相反地,用教育手段让学生得出权威的、基于学科的诠释)。我翻阅了文字记录,思索有哪些段落能够证明我关于5个论题(包括前两个论题)的结论。最后我认为:

针对论题 I_1,行1、4、6、7与之相关。

针对论题 I_2,行1、4、6与之相关。

针对论题 I_3,行1、2、3与之相关。

针对论题 I_4,行2、5与之相关。

针对论题 I_5,没有行与之相关。

---

① 在课堂观察中,**人际关系**论题和**礼仪规范**论题通常会很突出,让观察者很难集中注意力去观察更微妙的课程论题。——原注

为了确保不遗漏任何有用的点，我再次一行一行地查阅了课堂记录，找到了一些与我的预期性论题没有多大关系的论题或话题，如下表所示。

\multicolumn{7}{c}{拉里·埃克艺术课上分类资料的重复性}
行	\multicolumn{6}{c}{论题或话题}
1	行为规范	课堂氛围				
2	行为规范	课堂氛围	学习品德			
3	行为规范					
4	行为规范			概念化		
5				概念化	教学内容	
6	行为规范	课堂氛围			教学内容	
7	行为规范	课堂氛围				
8	行为规范	课堂氛围				
9						
10				概念化	教学内容	
11				概念化	教学内容	
12		课堂氛围		概念化	教学内容	
13	教学计划					
14	教学计划			概念化		
15						
16	教学计划					
17	教学计划			概念化		
18					教学内容	
19						教学方法
20						教学方法
21						
22	教学计划					
23						教学方法
24	行为规范	课堂氛围				

续表

拉里·埃克艺术课上分类资料的重复性			
行	论题或话题			
25				
26		教学计划		教学内容
27		教学计划		教学内容
28		教学计划		教学内容
29			课堂氛围	教学内容
30				
31	行为规范		学习品德	
32	行为规范		学习品德	
33			课堂氛围	学习品德
34			课堂氛围	学习品德
35	行为规范			
36				
37			概念化	教学内容
38	行为规范	课堂氛围		
39		课堂氛围		

我主要关注有**计划**地创作艺术作品的教学。在仔细阅读了文字记录和表格之后，我在想拉里·埃克所教授的内容（即幻想、直接观察和回忆）是否与他对创作艺术作品概念化的强调相对应。[①] 如包含这39行记录的数据对应表所示，非对角单元格数字（即表中计数的4和6）越接近于零，呈现的对应关系就越显著。

---

① 为了找到这样的对应关系，对句子或段落进行编号可能比对行进行编号更有效。——原注

概念化和教学内容之间的对应关系			
	提到"概念化"	没有提到"概念化"	总计
提到"教学内容"	4	6	10
没有提到"教学内容"	4	19	23
总计	8	25	33

如果这里的数据呈现出显著的模式（对应关系），我就可以在报告中推断："教师在开展以学科为基础的艺术教育时，会强调教学任务的概念化和教学内容的传统分类，例如幻想、直接观察和回忆。"

根据研究问题的需要，我也会把这39行编码记录和其他课堂上的编码记录进行对比，寻找教师接受的教育培训、学生性别、学区对标准化考试结果的关注等因素之间的对应关系。研究者最重要的决定是确定要找什么，因此通常会在收集资料之前就确定编码分类和潜在的对应关系。如果研究者只是浏览资料，就难以做出重要的推断。使用编码资料是个熟能生巧的过程。对新手来说，直接诠释和编码汇总都是巨大的挑战。

在本书中，我总是关注案例研究的工作量和哈珀学校的报告篇幅。研究的时间越长、研究越复杂，需要的编码就越精细、分析起来就越复杂。如果需要进一步学习分类资料的量化分析，可以阅读马修·迈尔斯和迈克尔·休伯曼的著作（1984）。质性案例研究者想要提高分析水平，最佳的选择是弗雷德里克·埃里克森（Frederick Erickson）的著作（1986）以及邓津和林肯的《质性研究手册》（1994）中的部分章节。

研究者几乎不可能分析收集的全部资料。在进行了大量有效的观察之后，重要的是确定最优资料，并舍弃其他资料。资深的案例研究者哈里·沃尔科特（Harry Wolcott）在他的手册（1990）中写道：

> 质性研究的重要任务不是堆砌一切可以获得的资料，而是"砍掉"（即舍弃）收集到的大部分资料。这就需要研究者不断地筛选，秘诀就是找到事物的本质，再通过足够的背景来揭示其本质，而不要陷入试图解释一切事物的泥潭。录音带、录像带和现在的计算机的容量过于巨大，可能会适得其反。因为能够储存的资料规模与日俱增、堆积成山，我们一定要小心，不要被自己制造的"山崩"所埋葬。（p. 35）

研究者要把最佳的分析时间用于最优的资料。面面俱到不可能，对所有资料同等关注并不是公民权利，要始终聚焦案例和主要论题。无论是寻找意义还是进行分析，都要从焦点开始，然后发散出去，并一次次地回到焦点。

自然推论

开展案例研究是为了理解。对读者来说，一个案例的重要性通常与其他任何案例都一样，读者关心的是这个案例本身，而不关心从它到其他案例的推论。在另一种情况下，研究一个案例的主要目的是推及其他案例。如第一章所述，不同于其他研究设计的是，在案例研究中，单个的案例不足以推及到案例的"总体"，不过我们仍然能够通过单个的案例来理解普遍的现象。其中部分原因在于我们已经熟悉了其他案例，在增加了这一案例后，就形成了一个稍有不同的案例"群"可供推论，也给我们带来了新的机会去修正旧的推论。

我们通过他人的推论（通常是作者、教师和权威的说明式推论）去了解事物，同时也通过自己的体验来形成推论。德博拉·特朗布尔和我（Stake & Trumbull, 1982）将这样的推论称为自然推论，以区别于说明式（观点式）推论。自然推论是指个体通过参与生活事务或建构得如同身临其境一般的替代性体验而得出的结论。目前还不清楚大脑是否会区分通过这两种截然不同的方式而得出的推论，但二者不过是殊途同归罢了。

戴维·汉密尔顿区分了对现象的逻辑解释和心理解释（1981）。他用"自然推论"一词来描述私人化的理解，即迈克尔·波兰尼（Michael Polanyi）所指的"不可言传性"（ineffable），或迈克尔·斯克里文所指的"量化主体性"（quantitative subjectivity）。汉密尔顿认为：

> 就我而言，我希望严格界定自然推论，以区分（1）在大脑中进行的推论和（2）能够交流理由的推论。简言之，自然推论应该被定位于私有知识领域。（私人对话，1981）

我很赞同哪怕只是让进行推论的人意识到自己得出了推论，

也会失去经验的隐私。因此，无论是否与他人分享，这样的推论都会成为观点式推论，从而至少会产生些微的变化。人们在将经验语言转化为正式语言时，会消减或扭曲部分意义。自然推论以语言或非语言的形式嵌入读者的经验中，因此显得更加重要。

对案例研究者来说，这一点非常重要。我们要选择在多大程度上将自己的分析和诠释组织成研究者的观点式推论（即我一直所说的推断），或者在多大程度上帮助读者得出自己的自然推论。我们当然希望两者兼顾，但将二者分别做到什么程度是一个重要的策略性选择。

读者通常会比我们研究者更熟悉案例，他们会为故事补充自己的部分。我们应该为读者补充分析素材留出某种空间，以帮助他们形成自己的推论。读者会同时吸收我们的叙事描述和推断，用叙事描述来生成替代性体验和自然推论，用推断来比对现有的观点式知识，并修正现有的推论。

为了帮助读者形成自然推论，案例研究者要为他们提供替代性体验。研究者的语言要私人化，要描述自己的感官体验，跟着好奇心的指引去关注相应的事物。叙事语言、故事讲述、纪事性呈现、个人化描述和时空定位都为替代性体验提供了丰富的素材。要强调时间、空间和人物，这是最首要的三点。

在呈现不同行动者或读者达成的推论共识时，辅以一段对他们经历的描述会有助于读者形成自然推论。研究者能够帮助读者检验他们将要做出的推论的效度和相关性（第七章将聚焦效度问题，这里只是简单陈述：研究者无法检验自己对读者自然推论的帮助，但不能因此而忽略这项职责）。下面的操作步骤可供参考：

有助于验证自然推论的清单

1. 描述一些读者已经熟悉的事物,使他们能够衡量对其他事物描述的准确性、完整性和偏颇程度。
2. 在诠释之前提供足够的原始资料,使读者能够自己做出不同的诠释。
3. 用平实的语言描述案例研究中用到的方法,包括怎样进行三角验证,特别是怎样证实主要推断,或怎样努力去推翻主要推断。
4. 直接或间接地提供有关研究者和其他来源的信息。
5. 为读者提供资料来源和其他潜在读者——尤其是那些可能使用本研究的读者——对报告阐释的反馈。
6. 不要强调效度是基于每个研究者的亲见,是基于简单的重复,而要强调报告所呈现的事件是否曾经有人亲见。

当代研究者的观点是,研究者有责任帮助读者实现高质量的理解。研究者的分析和诠释要与读者的分析和诠释并行,因此,研究者有义务为读者的研究提供高质量的基础。如果承认自然推论的重要性,那么研究者在确定分析方法,在分析之前确定资料收集方法,以及在资料收集之前确定形成研究问题的方法时,都要考虑读者这个因素。

研讨班

我在于默奥大学教授的课程是由英格·安德森组织的。她鼓励我用观察材料作为例子，为学生们实事求是地思考案例分析提供基础。我们在课上讨论过我在墨西哥城一个大学课堂上的观察。

10月23日课堂笔记

今天的气温上升到了70华氏度，但这个贴着白色瓷砖和水磨石的教室还是有点冷。教室里有11个学生（应到29个），都穿着夹克或毛衣，他们从家里出来的时候肯定更冷。教师普雷特林先生提醒学生，这节课的主题是"资本主义的起源"，并选择了一个让学生们预先准备过的问题来进行提问。后排学生的回答很大胆。又来了两个学生——课已经上了10分钟了——又来了4个。普雷特林先生纠正了这个答案，不过要求学生提出更多的答案。他的风格很随性，不停地抽烟。他的学生注意力很集中。马克思的名字不断出现，也赫然印在课本封面上。教室里只有两个学生有课本，还有几个学生复印了指定的章节。黑板上满是上一节课留下的逻辑符号，没人注意。有些学生在读自己的答案，大部分学生在关注普雷特林对他们回答的反馈。男生们抢先回答，现在有一个女生回答。教师特意点到了她，或者说是点到了她的回答，然后补充了自己的解释来加以完善。

课堂讨论让寒冷的教室暖和起来。教室外面有台电动割草机噼噼啪啪地响，园丁努力修剪厚厚的草地，不过机器好像不堪重负。课已经上了20分钟，又来了一个学生。学生们大多在20岁上下，都是黑发，他们都是社会研究和人文学科的新生，注册了这门有关政治学说的社会学课程。这时又来了一个学生，她把门关上，并用一把椅子顶住，想挡住方形广场上进来的风。普雷特林先生正在展开讨论一个答案，然后又问了一个问题，在等待有人举手时又点了一支烟。他同样要求学生补充完善，有几个学生进行了尝试，最后终于得到了满意的答案。接下来，他又提出了一个问题，并耐心地等着学生主动举手。学生看起来都在思考或默读自己事先写好的答案。

东南方向7英里之外的墨西哥城市中心笼罩着阴霾。昨天下了大雨，现在还没有放晴。教室里又安静下来，教师在等待有人回答。一位年轻女孩第一个说出了自己的答案，她是勇敢回答问题的大约7个学生中唯一的女生。她提到了农民，普雷特林先生进行了补充，学生们都点头赞同。他们看起来非常同情抽象的，至少是遥远的农民。这个教室里不像有资本主义的拥护者，至少没有人表现出来。半个小时过去了，普雷特林先生还在一个问题一个问题地继续。有几个学生在修改笔记（或者是在补充笔记），大部分学生都在看书或听讲。所有人的大脑都在运转，没有人偷懒。最后是一个小幽默。

现在的气氛轻松了一点。4名观察者分散坐在教室里,但即使他们在做记录,也几乎没有引起注意。教师还在继续,甚至没有停下来点名。普雷特林是个瘦小的男人,大概40岁。他穿着一件帅气的夹克和一件深色的衬衣,扣子扣到领口,还戴着金色的项链。他的手指修长而富有表现力。有几分钟,教室外面拖重物的声音干扰到了课堂。他最后一次让学生回答,还让他们再深入思考。有书的学生不多。他开始让学生提问,这种互动的出发点是好的,但有点例行公事。互动还在继续,师生的大脑"火力全开",友善地达成了共识。身边的农民,就是聚集在下面街道的、让这座城市无比喧闹的1700万人。一张海报上写着:"广告·投票·抗议"。门口的涂鸦以"无知会杀人……"开头。要下课了,普雷特林点了最后一支烟,进行了一段总结,并对学生报以一个温暖的微笑。

从这些语言来看,教育研究者可能会使用下列哪个编码?

　　教学材料　　　　学生主动性
　　性别　　　　　　出勤率
　　政治信仰　　　　评价
　　课堂氛围　　　　历史观点

　　研究团队中的一位成员认为,这段观察中最具教育意义的部分是通过精心的设计来激发学生的思考过程。你同意吗?

第六章
案例研究者的角色

作为教师的案例研究者

作为倡导者的案例研究者

作为评估者的案例研究者

作为传记作者的案例研究者

作为诠释者的案例研究者

建构主义

相对性

案例研究者有不同的角色,也能够选择怎样扮演这些角色。这些角色包括教师、参与观察者、访谈者、读者、故事讲述者、倡导者、艺术家、顾问、评估者、咨询专家等。虽然每个研究者总会受到预先设定的研究规则的限制,但在设计、研究、报告和咨询等方面的风格却仍然各不相同。每个研究者都一直在有意无意地决定在多大程度上偏重某个角色。

作为教师的案例研究者

我想强调的第一个角色是教师。研究的目的是启智增慧,是为提高能力和促进人的成长做贡献,是形成社会互动和解放思想,这些正是教师的职责所在。[①]

教学不仅仅是讲课,也不仅仅是传递信息,而是为学习者提

[①] 李·克龙巴赫(Lee Cronbach)和同事们(1980)很好地建构了研究者的教师角色。——原注

供机会，使他们能够遵从人类受教育的天性。[①] 定期提供信息和提供获取信息的方式是教师在教学中的重要内容，但更重要的两点考虑是选择学习者所需的信息和（或）经验，以及创设能够推动学习者开展个体学习和集体学习的条件。教师认识到这一点很重要：虽然学习者不可能学会教给他们的一切，但他们学到的会远超过所教授的内容。在教师没有发觉他们在学习的时候，他们也是在学习。比如他们学到了权威的次序，学到了哪些话题相互关联、哪些话题互相包含，也学到了不同的错误能够被容忍的程度。称职的教师会预判意料之外的学习，甚至推动意料之外的学习。

教师同时也是倡导者，示范看待事物的方式，引导前行的道路。研究者也一样，哪怕是最冷静的、只致力于呈现事实的研究者，其呈现事实的方式也是出于自己的好恶。我将在后面有关建构主义的部分详细描述案例研究者作为倡导者的角色。研究者的诠释几乎不能做到完全中立，也很少有能够对不同的读者产生相同意义的诠释。

课堂上的教师很快就会记住每一张脸，也会了解每一张脸背后的一些想法，但这还远远不够。如果教师能够更好地了解这些想法，就会改进教学。教师到底应该在多大程度上了解学习者个体和学习者群体，不但尚无定论，还通常因时而异，从而成为影响教学风格的关键要素。教师们认识到，当学习者能够领悟其所教的内容时，教学将会更加有效，但教师对学习者的了解总是太少。

---

① 这并不是说学习者基于自然天性就能够把自己教育好，他们会更关注、更投入、更有效、更迫切地掌握吸引自己的某些技能和知识，但我们不会赞同他们选择的许多学习方式。不过，人的天性之一就是教育自己。——原注

案例研究者希望"教给"读者的也是一样。研究中的用词有多令读者熟悉，呈现的经验和读者的经验有多相似，报告中的花絮和推断有多吸引人？大部分潜在的读者都不在眼前，这就需要假想可能的读者，体会他们的需求。他们能领悟什么？能记住什么？会反对什么？有真实的读者当然更好。研究者可以通过走进隔壁房间、拿起电话，通过朋友、配偶和路人，找到真实的读者和假想的读者。研究者有必要花点时间跟真实的读者和假想的读者讨论原始素材，但不能花太长时间。由于时间总是不够用，假想的读者也只能在一定程度上代表真实的读者。关键是采用好的教学方式，以读者为中心来推进案例研究工作。

作为倡导者的案例研究者

连文盲都不会怀疑教师传道、授业、解惑的重要性，但研究者则要更加克制。研究者的研究发现本身就在传递讯息、表达肯定或指责，而无需任何倡导。当然，研究者也有权利和义务去引导应该怎样阐释研究发现，怎样在不同的条件下去诠释，以及怎样将诠释表述为理论话语。不过，研究者很少受制于这些限制，他们或谨慎或武断地尽最大努力说服读者相信自己所相信的一切。他们是倡导者，同时也是教师。

乔纳森·科佐尔（Jonathan Kozol，1991）在《野蛮的不平等》（*Savage Inequalities*）一书中描写了芝加哥南部一所距离哈珀学校不远的小学课堂。

"咩，咩，黑羊，"教师读道，"你有羊毛吗？"学生答："我有，我有，我有三整包，一包给主人……"主人是白人，羊是黑羊。

当我在一小时之后离开教室时，有4个男孩还在绿地毯上睡觉。我站在门口看着这些孩子，他们大部分围坐在桌边，喝着牛奶。9年后，他们大多会去上一条街外的曼利高中（Manley High School），那里的教学楼又大又丑，毕业率只有38%。12年后，等他们高三时，如果社区统计数据没有变化，23个孩子中会有14个已经退学。14年后，这些孩子中最多会有4个能去上大学。18年后，这4个上大学的孩子中可能会有一个能够毕业，但12个男孩中可能有3个已经进了监狱。(p. 45)

作为研究者、倡导者和反对者，科佐尔坚持通过精确的描述，让读者认同里根时代"公立学校的社会政策已经倒退了将近100年"，"城市学校基本上已经成了一个非常不快乐的所在"，以及"在讨论政策时听不到孩子们的声音"(p. 4-5)。

几个月之后，在我参与芝加哥学校改革的多个案例研究评估时，并不了解科佐尔的工作。在撰写同样处于贫困之中的哈珀小学的案例报告时（如你们已经在第十章读过的），我是这么写的：

校长不仅是她所在的非裔美国人社区的领袖，也是整个城市的领袖。她是一位有才华、有干劲的学校管理者，塑造了哈珀的学校文化。哈珀是一所人性化的学术机构。毫无疑问她和她的团队将会做得更好，但《学校改进计划》中一般目标都有些过于高远。贫困和异化问题太过严峻，对安全和纪律的渴望已经消耗了所有剩余的能量。哈珀的教学是社区的一笔财富。改革已经推进了一段时间，结构调整方面还很薄弱，但社区已经自力更生地完成了其能够完成的所有基础工作。（Stake，1992，p.13）

作为研究者、评估者和拥护者，我同样坚持通过精确的描述，让读者同意我的推断。我们描述的两个课堂及其所在的街区并没有多大区别，关于学校命运并不掌握在自己手中的结论也几乎相同。但我们一个号召起来反抗，另一个却觉得毫无必要。我们能接受如此不同的诠释么？

质性研究能够也确实接受了这两种截然不同的诠释。质性研究提倡研究者与现象的互动，现象需要被精确描述，但对现象的观察式诠释会受到研究者心情、经验和目标的影响。这些影响有些能够被消除，有些则不能。价值无涉对研究并无助益，不如让读者更好地了解研究者。更好的选择通常以倡导来结束，以提醒读者的注意。质性研究非但不会摒弃缺乏效度的描述，还鼓励倡导。质性研究者认为，效度缺乏和倡导会永恒存在，因而放弃"净化"目标和假设。

作为评估者的案例研究者

所有的评估研究都是案例研究，评估的项目、人或机构都是案例。可以在某种程度上认为，研究是为了寻找案例的优点和缺点。研究者在评估研究中会不时地用到案例研究：我的哈珀案例研究（见第十章）就是在芝加哥学校改革启动一年后所开展的评估的一部分。大多数案例研究都不是评估研究，但研究者的某些诠释本质上是评估性的。因此，至少从这个意义上说，研究者从来就是评估者。

在完全进入项目评估者的角色时，案例研究者会选择特定的标准或进行一系列诠释，以清晰地呈现项目的优势和劣势、成功和失败。更为秉持量化取向的评估者通常会强调生产力和效率标准，通过测量一些成果量表来说明问题。而更为秉持质性取向的评估者则会强调活动和过程的质量，用叙事性描述和诠释式推断加以呈现。无论采取哪种策略，环境、多重视角（multiple perspectives）和三角验证都至关重要。为了让读者理解案例的优点，选择论题和标准都要服务于这个目标。

作为传记作者的案例研究者

案例有时会是一个人。在针对其他类型的研究对象的案例研究中，研究者大多也会对人进行深入描述。因此，研究者某种程度上也是传记作者。传记作者有自己的方法论选择，值得案例研究者认真借鉴。路易斯·史密斯（1994）在邓津和林肯编著的《质性研究手册》中用一章的篇幅详尽介绍了这个话题。

在社会科学领域，传记常被称为生命史，即围绕一个专题网络（即一系列论题）来探索生命的年表。而在教育和社会研究领域，研究通常只关注生命的一个阶段，例如琳达·马布里的"妮科尔"案例（1991）。哪怕是一篇短暂的花絮，也会成为传记作者的素材。有时作者选择工具性案例研究，其报告更多地是为了说明观点而非理解个体的生活。尼尔·希恩（Neil Sheehan）所写的关于约翰·范恩上校（Colonel John Vann）的传记，就描写了越战中的军事妄想和政治欺骗（1988）。

传记作者认为，生命能够反映不断变化的时代。生命中会遇到困难，会呈现出不同的模式和不同的阶段，也具有独特性，但更多的是与周围其他生命的共同点。这些困难、模式、阶段、独特性和共通性都可以作为概念结构。当然，一段描述中很少会使用多个概念结构。每个生命都不会只有一个维度，因此作者必须避免陷入刻板印象，即便是杰拉尔丁·琼奇（Geraldine Joncich）选择使用《理智的实证主义者：爱德华·桑代克传》（*The Sane Positivist: A Biography of Edward Thorndike*，1968）这种夸张地简化个人特征的名称时也是如此。案例研究应该将人呈现为复杂的生物。传记为研究者提供了诱人的范例。

作为诠释者的案例研究者

案例研究者会认识并证实新的意义。研究者会发现一个困难、一个谜团，然后进行研究，并与已有的认知更好地联系起来。建立新的联系之后，研究者再通过各种方式让他人理解这样的联系。研究不仅是科学家的领域，也是手工匠和艺术家的领域——他们都在研究和诠释。

与于默奥大学的学生们在一起时，我第一次把案例研究与勒内·马格利特（René Magritte）联系起来。马格利特是20世纪早期的一位比利时画家。他被视为超现实主义者，但与米罗（Miró）不同的是，马格利特的画作还保留着人脸。与达利（Dali）不同，他画作中的钟表是平的。通过观察他画作中出人意料的图像排列组合方式，我们都认为：马格利特挑战了"什么应该在哪里"的预设，很少有其他画家像他一样不安、困惑又快乐。虽然马格利特认为他的画作无法用语言来形容（即"**只有通过绘画才能看到**"[1]的思想），但他喜欢跟米歇尔·福柯（Michael Foucault）和阿方斯·德·威尔汉斯（Alphonse de Waelhens）讨论认识论问题。

我把他的画作《望远镜》[2]（*The Field-Glass*）用于本书英文版的封面。在画中，读者透过漂亮的窗户能够看到明亮的天空，但打开的窗户后面则是肉眼看不到的虚无。我将它诠释为关于现实本质的推断，马格利特用许多方式不断地重复这个推断。他最著名的作品是《人的命运》[3]（*La condition humaine*），画中窗前有个画架，画架上的画与窗外的风景完全吻合，延伸到无垠的土地和天空。马格利特说：

---

[1] 引自莎拉·惠特菲尔德（Sarah Whitfield）的《马格利特》（*Magritte*，1992）。——原注

[2] 勒内·马格利特：《望远镜》（1931），布面油画，得克萨斯州休斯敦曼尼尔收藏馆。——原注

[3] 勒内·马格利特：《人的命运》（1933），布面油画，华盛顿特区美国国家美术馆。——原注

《人的命运》是对窗户问题的解答。我站在窗前，从房间里往外看，画作呈现的正好是被它挡住的那部分景色。因此，画中的树代表着窗外被画所挡住的那棵真实的树。对观者而言，他们会认为这棵树同时存在于房间里的画布上和房间外的真实风景中。这就是我们看世界的方式：我们总觉得世界存在于我们之外，而世界不过是我们内心体验的心理表征而已。①

马格利特的许多画作里都出现了明亮的蓝天和白云，吸引我们去关注作为意义创造者的自我，以及作为我们的代理人的艺术家，帮助我们产生新的领悟。在《诅咒》②（*The Curse*）中，马格利特只画了天空，之所以称之为诅咒，可能是因为天空既是幻象，又是模糊的、巨大的空虚。再看看《望远镜》，玻璃后面是华丽的天空，但透过半开的窗户，还是只能瞥到无尽的黑暗。

艺术家的诠释者角色在马格利特的《选择性亲缘》③（Les affinités électives）中体现得更加明显，标志着他的画作从无关物品的排列到相关物品的排列的转变。只有他会让我们看到一个装着一只

---

① 勒内·马格利特：《生命线》（"La ligne de vie"，1938），见斯居耐特（Scutenaire）所著的《我和马格利特》（*Avec Magritte*），第90页（转引自Whitfield，1992）。——原注

② 勒内·马格利特：《诅咒》（1931），布面油画，比利时布拉斯哈特收藏馆（Collection M. v. J. Brasschaat）。——原注

③ 勒内·马格利特：《选择性亲缘》（1933），布面油画，巴黎佩里尔收藏馆（Collection E. Perier）。——原注

巨大的蛋的鸟笼。在《透视》[①]（*Clairvoyance*）中，马格利特画中的画家看到的不是我们所看到的蛋，而是蛋的未来，是蛋的论题，是一只张开翅膀的鸟。艺术家是我们的知识的代理人——知识还是我们的知识，但我们无法回避艺术家对其进行的呈现和诠释。

研究者也一样。研究者努力不让读者停留于简单的观点和幻象。研究者是新诠释、新知识的代理人，但也是新幻象的代理人。研究者有时会告诉读者要相信什么，有时甚至会帮助读者，使他们的理解超越研究者的认知。研究者无疑会使读者的理解变得更加精巧复杂，但细心的读者会发现，远处仍然是无尽的空虚。

建构主义

在所有角色中，最核心的角色是诠释者，即诠释的收集者。当今的质性研究者大多相信知识是建构出来的，而不是发现来的，[②] 我们所知的世界就来自于人类的建构。婴儿、儿童和成人从经验和他人的讲述中建构理解，而不是脱离经验在世界中游荡去发现理解。在学校里，他们学习科学，记住答案，进行实验。他

[①] 勒内·马格利特：《透视》(1936)，布面油画，布鲁塞尔伊斯·布拉科特画廊（Galerie Isy Brachot）私人藏品。——原注

[②] 教育和社会研究领域的建构主义运动的领袖是埃贡·古帕和伊冯娜·林肯（1982），在数学教育领域则是莱斯利·斯泰费和托马斯·基伦（Leslie Steffe & Thomas Kieren，1994）。丹尼斯·菲利普斯和汤姆·施万特（Denis Phillips & Tom Schwandt，1994）对此则不那么热情。——原注

们所知的现实仅限于自己所相信的现实，而不是在经验之外业已证实的现实。证实太阳折射了星星照向地球的光不会改变我们对太阳、光和星星的诠释。案例研究者对读者的经验会有怎样的贡献，取决于他们对知识和现实的认识。

人类的知识建构始于外部刺激下的感官体验，这些感受从一开始就会被立刻赋予个体的意义。虽然来源于外部行动，但只有内部诠释是可知的。就我们所知，外部刺激不会像对它的内部诠释一样被认识和记住。没有任何知识是纯粹关于外部世界、未经人类建构的。

在我们的大脑中，对外部刺激的新的感知会与旧的感知混杂在一起，随后又与许多由各种感知构成的组合混杂在一起，其中某些感知的组合就是我们所指的推论。知识的某些方面可能完全源自内在的思考。我想到自己膝盖很僵硬，记起来年迈的祖父用两根拐杖蹒跚而行，没有办法伸直钙化的膝盖。这种联想完全是内在的，不需要也没有受到任何新的感官刺激。

我们可以设想三种现实。第一种是外部现实，它们通过简单的方式刺激我们，但我们只能对这些刺激加以诠释，除此之外一无所知。第二种是对这些简单刺激的诠释所构成的现实，这种经验现实令人信服地代表了外部现实，导致我们很少意识到自己无法去证实它。第三种是我们的理性现实，它们由不同的诠释构成。当然，第二种现实和第三种现实是相互交融的。

每个人对第二种和第三种现实都有自己的认识，这些认识也在不断变化。大部分人都在努力不去完全迷失在自己的世界。在我们看来，自己和别人生活在同一个世界。如果相信第一种普遍现实，两个有着相同经历的人会调整自己的现实，以适应对方的现实。他们的眼睛受到了刺激，随后通过相互交流来消化这种刺激："难道不是月亮升起来了吗？"其实月亮并没有动，是地球在转，但我们更乐于接受同伴关于月亮升起的诠释。大多数人的观点（特别是我们所尊敬的人的观点）会被当作是可信的甚至真实的。

今天的许多研究者采取理性主义的建构主义观点，认同外部世界（即第一种现实）的存在，并与自己对它的理解（即第二种现实）对应起来。他们承认无法检验这种对应关系，承认外部世界的一切都无法脱离我们建构的诠释而独立存在。他们的观点得到了认可，然而部分原因是反对的观点（即世界完全就是个幻象）不可能得到任何尊重。

可以预料的是，许多刺激（例如看到一张熟悉的脸）都与其他刺激相关（例如有特点的打招呼方式）。我们习惯了有关月亮和人存在的观点，否认独立存在的现实不但缺乏证据的支持，更重要的是会引发社会的不安。

一种更吸引人的观点（也就是我的观点）则更加包容：三个现实同时存在，对体验也都有重要影响。选择相信哪个现实是个学术问题，就像先天造就的还是后天培养的问题一样。除了坚信第二种和第三种现实之外，其他的选择都很危险。可是如果在穿过繁忙的街道时忽略第一个现实，就不是明智之举。

研究的目的不是发现第一种现实，这是不可能的任务。研究的目的是建构更加清晰的第二种现实和更加完善的第三种现实，特别是要经得起学术的质疑。科学的发展是为了建立普遍的理解。每个人的理解当然也会在某种程度上具有自己的独特性，但其主要部分应该是相同的。虽然我们寻找的现实是自己创造的现实，但也是我们集体创造的现实。我们寻找的是经过优化的现实，能够经得起检验和挑战的现实。[1]

案例研究同样需要阐明描述并完善诠释。从知识的建构主义观点出发，研究者无需逃避推论。建构主义观点鼓励为读者提供原材料，帮助他们形成自己的推论。在描述读者通常会关注的事物，特别是地点、事件和人物时，不仅要做普通的描述，更要做"深描"[2]，即最了解案例的人的诠释。建构主义有助于案例研究者在最终报告中论证叙事性描述。

相对性

质性研究者强调知识的经验和个体决定论，因此大多是相对主义者。他们的反对者会从哲学基础出发，认为他们对所有的观点和诠释都赋予同等的价值。平等是个绝对主义的术语，而非相对主义的观点。相对主义者认为，每种诠释的价值因其信度和效用不同而各不相同。

无论是从认识论还是在社会生活中来看，每个知情人的个人现实都不可能同等重要，有的诠释比其他诠释更好。人们总有方法就哪个诠释最好达成共识，达成共识的方法不一定绝对正确，

---

[1] 英瓦尔在于默奥大学进行博士研究，他也在上哲学课。他想知道为什么我在形成这些观点时没有更多地关注心理学领域。我没能给他一个满意的回答。——原注

[2] 如上文所述，深描是克利福德·格尔茨在1973年的著作中用于描述主位诠释的术语。——原注

但绝对有效,哲学家同样如此。没有理由相信致力于建构现实的人的建构具有同等价值。一个人可以不相信所有的观点都具有同等价值,而是相信相对性、情境性和建构主义。个人的文明程度或政治意识形态可能会要求我们尊重每一种观点,但案例研究的规则却没有这样的要求。

相对性原则在质性案例研究中体现得尤为明显。每个研究者都对案例研究有独特的贡献,每个读者都会获得独特的意义。与其他方面的独特性一样,这些不同也因研究目的、案例所处的直接情境以及读者的情况不同而各自相异。

在上述六种角色之外,研究者也会基于深思熟虑或研究直觉而选择其他角色。包括:

1. 研究者在多大程度上亲身参与案例的活动。
2. 研究者在多大程度上作为专家出现,在多大程度上表现出对案例的了解。
3. 研究者是作为中立的观察者,还是评估性的、批判性的分析者。
4. 研究者尽了多大程度努力去迎合潜在读者的需求。
5. 研究者在多大程度上呈现了对案例的诠释。
6. 研究者在多大程度上倡导了某个立场。
7. 研究者是否将案例作为故事来讲述。

但最重要的选择也许是研究者应该在多大程度上做自己。很多时候,研究者的选择并不明确,也可能会受到条件的限制,还可能原本就只会"以不变应万变"。研究者通常会被施压而违背本意，更多地承担评估者、科学家或心理治疗师等角色。其他研究者会帮助他们在这些角色间进行平衡。选择哪种角色应该是一种基于道德的、诚实的选择。在研究启动时，研究者可以基于先前的经验，采用角色扮演的方式，或是通过开诚布公的探讨，明确哪种诠释会更符合研究者的才能和角色偏好。尽早解决预期角色的冲突问题，是第四章中讨论的协议商定、进入和许可的重要组成部分。

角色选择会影响案例和论题的意义，但很难说怎样选择角色会更理想。参与观察者不会比被动观察者发现的意义更深刻、更具同理心，但某个角色会更适合特定的人和特定的情境。研究文献给出了很多例子，但没有提供明确的指导，我们只能根据经验来决定长期或眼下的选择。当然，变色龙也可以成为我们的榜样。

研讨班

反思研究者的角色对其开展田野工作的影响是非常重要的。克里斯蒂娜在日记中写道：

> 当前有关"建构主义"的讨论让我又想起"研究到底是什么"这个永恒的问题。研究者能够或应该做出什么贡献？案例研究与小说的区别是什么？……这些问题一直很吸引我。有时候我觉得，开展研究在很大程度上取决于用语言（大部分是书面语言）说服别人的能力。

因此，用外语开展研究会很困难。

我鼓励她去读欧内斯特·豪斯（Ernest House）的《评估的政治》（*The Politics of Evaluation*）中"以评估立论"（Evaluation as Argument）那一章。

然后，我让 10 位于默奥大学的学生（以及两位定期参加研讨班的教职工）所组成的小组思考这样的问题：在开展案例研究田野工作时，这六种角色会怎样影响具体的选择。我希望他们在下次上课前，先试着把下面的表格补充完整。

第六章中案例研究者的六种角色对田野工作的影响

教师	了解读者（或其他受众）需要知道什么		
倡导者	找到不利于研究推论的最有利的论点，提供资料来进行反驳		
评估者	仔细聚焦案例的优点和缺点		
传记作者			
理论家	通过单个案例的独特性，而非案例之间的共同点，证明每一个案例都是复杂性的		
诠释者			

每个学生填完表之后，再让其写出自己喜欢或不喜欢某个角色的理由。

第七章
三角验证

7

验　证

三角验证的目标

三角验证的策略

成员核验

在整个案例研究过程中,我们会一直想"这么做对吗?",这不仅包括"我们是不是正在对案例进行全面、准确的描述",还包括"我们是不是正在构建我们想要的诠释"。常识当然很有用,能够告诉我们何时需要重新审视,哪里需要进一步说明,但只有常识还远远不够。我们在寻求精确解释的同时,也在寻求替代性的诠释,所以需要学术规则和研究策略,而研究策略不能仅仅基于直觉和"做得对"的善意。在质性研究中,这样的研究策略被称为"三角验证"。我们可以在田野笔记上使用三角验证符号"Δ"(delta)标注用于对田野笔记进行三角验证的资料,用"Δ?"标注可能需要进行三角验证的资料,这样的记录就会不断提醒我们进行三角验证的必要性。

三角验证的棘手之处是其复杂性,因为太多的质性研究者都或多或少地信奉被称为"建构主义"的方法论。在上一章的末尾,我们讨论了这种方法论。而本章将指出,大多数质性研究者不仅相信他们需要呈现多重视角或围绕案例的多个观点,还认为绝无"最佳"观点这一事实是毋庸置疑的。

验 证

所有研究者都认同，他们不仅要精确地测量事物，还要对这些测量的意义进行有逻辑的诠释。教育学和心理学领域的测试技术尤其要求测量能够证明资料的可靠性和有效性（Cronbach，1971）。但使用测试结果的人（包括测试专家在内）不仅不会将结果诠释局限于已检验的测试数据中，还会将其用到已经高度成熟的理论和技术之中。

公开声明的标准越来越高。美国教育考试服务中心（Educational Testing Service）的塞缪尔·梅西克（Samuel Messick）敦促研究者们确保测量的**结果效度**（consequential validity）(1989)。也就是说，研究者应该为使用这些测量手段得到的结果承担部分责任。当研究者在描述性资料中应用这一概念时，应该想到特定的描述会导致案例没有受到应有的尊重。如果这样的后果毫无必要，那么该效度的**描述**就并不充分。这个标准非常高，但回顾一下不同形式研究的历史，对测量诠释进行验证的公开标准一直都很高，但在研究的应用中则未必。

我认为案例研究没有任何理由降低标准。当然，我们面对的是许多复杂的现象和论题，不可能就真实存在的案例到底是什么达成共识，但我们仍然有道德义务尽可能地减少错误的诠释和理解。我们需要采取研究者和读者都期待的一套三角验证策略或程序，在简单重复地收集资料之外，用心地验证观察资料的有效性。

至少在我看来，"三角验证"这个名词源自天体导航。我们的领航员要善于推理。每天清晨和夜晚，他都会推断我们所处的

位置,所用的手段之一便是测量星星的仰角:

> 日落后,他会带着六分仪来到驾驶室。"云太讨厌了,"他可能会咕哝,然后说,"啊,看到织女星了。"接着继续"进行定位"。他的习惯已经是什么都要说出来:"……假设我们的船位于一个假想的圆上,圆的中心是地球表面的一个点,织女星正在头顶,那么圆的大小可由仰角确定,……"每天,每时,每刻,他的表格都会告诉他这些中心点在哪里。在每个表格中,他都会计算自己推测位置的误差,以及需要校正多少。当然,知道我们在地球表面一个特定的但仍然很大的圆上还远远不够,不过当他看向西边,确定了天枢星①的角度,就能画出第二个圆,它与第一个圆有两个交点:

> 这两个交点通常相距几千英里。在一艘我们这样的慢船上,今天不可能跑到跟昨天不同的海洋里。因此,

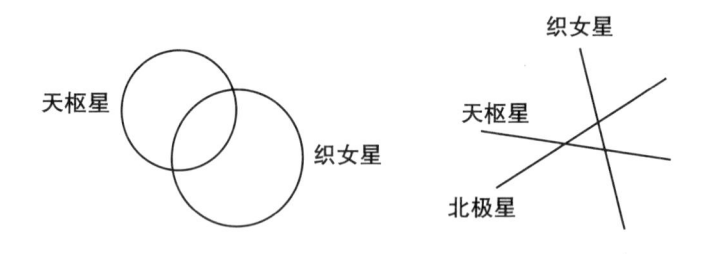

---

① 天枢星,北斗七星中的第一颗,又名北斗。——编者注

他能够从这两颗星星推断出我们所处的位置。

　　他还会看到另一颗星,也许是在北边,那就是北极星。他会在地图上画下第三个圆。圆太大了,以至于圆弧看起来会像直线,如上方右图所示。

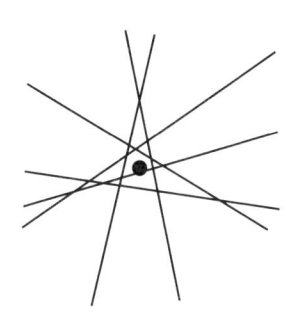

　　他的天文表、高程和计算都不是非常准确,所以这些直线(圆弧)并不会相交于一个点。如果云层的情况允许,他会观察 6 颗星星,最后在这些交点的中间标注一个点,就是他最终的推断。他在**表**中将这个过程称为"三角验证",但我从未听他使用过这个词。

案例研究的困难之处是要建立意义而非确定位置,不过方法都是一样的。我们可以假设一个观察的意义,而额外的观察会为我们修改自己的诠释提供依据。

三角验证的目标

为了描述案例，我们会努力呈现大量没有冲突的描述。关于案例，我们总想尽可能地翔实，想要讲述每个有机会观察案例的人都会注意到和记录下的一切。例如，在于默奥大学的毕业典礼上：

1. 校长坐在走廊边上的第一排。
2. 学术生坐在前排，技术生坐在后排。
3. 一些技术生在戏弄校长。

我们甚至会陈述读者可能已经知道的信息，向读者保证我们能够清晰地观察与思考，或者有意地告知读者我们将会采取的立场，使读者有机会进行三角验证。

报告的第一部分可能还不会涉及诠释，但我们迟早要呈现自己的诠释。一些诠释带有偶然性。在描述看似没有争议的内容时，为了节省篇幅，我们会直接跳到结论，其实我们是在推测。例如：

4. 校长感到很焦虑。
5. 座位安排有意或无意地体现了一种制度/社会观点，即学术研究要优于技术学习。

我们并不知道校长是否感到焦虑。也许因为他额头湿湿的，总是回头看（据乌拉所称），我们才会这么猜测。我们觉得在这里描述证据没那么重要（例如给读者机会让他们形成自己的观点）。他的行为看起来就是这种感觉。

如果一个重要的论题可能存在争议时，我们就会呈现更多细节。即使他承认自己确实焦虑，我们也会将其表述为一种言论，而非一个事实："校长说他很焦虑。"我们会尽可能地呈现证据，通常还会加上自己的诠释。大多数时候，我们会选择诠释性表述，让读者能够自然而然地接受其他诠释。例如：

6. 混乱的公开仪式有时会让校长们感到焦虑。
7. 正如许多人所见，毕业标志着从依赖家庭和教师到依赖同伴和社会制度的转变。

上述 7 个描述性或诠释性的陈述可能都有进行三角验证的必要。三角验证需要一定的资源和时间，所以我们只能对重要的资料和推测进行三角验证。重要性取决于我们理解案例的意图，以及有助于澄清故事或区分相互冲突的意义的程度。如果让"案例"站得住脚是关键，就需要我们额外的保证，以证明我们"做得对"。

让我们用一个简单的表格来总结：

资料条件	三角验证的需要
没有争议的描述	需要很少的努力就能证实
可疑的、有争议的描述	需要证实
对某个推断至关重要的资料	需要加倍努力才能证实

续表

资料条件	三角验证的需要
关键的诠释	需要加倍努力才能证实
作者有明确的说服力	需要很少的努力就能证实

如果不确定描述是否存在争议,或在描述推断的重要性时,找几个代理读者试一试是个好主意。

三角验证的策略

为了证实观察、提高诠释的可信度并展示推断的普适性,研究者可以使用诺曼·邓津于1984年所著的《研究法》(The Research Act)中的任何策略。

在进行**资料源三角验证**(data source triangulation)时,要看在其他时间、其他空间或个体以不同方式互动时,现象或案例是否保持不变。假设案例是哈珀学校的一些教师为提升教学水平所做的艰苦努力。研究者在观察到教师们在备课阶段会自发参考权威的专业经验后,接下来可以看看同样的行为是不是也会出现在研讨班结束之后、出现在家里,或是出现在这些教师参加职工发展会议时。我们会问问自己:"环境的哪些变化会使教师改变提升教学能力的方式,并促使他们去寻找那样的环境?"资料源三角验证是为了检验我们所观察到的、报告的内容在不同环境中是否仍然有着同样的意义。

邓津的其他策略是关于研究者在工作中做出的改变。**调查者三角验证**（investigator triangulation）需要其他研究者观察同样的场景或现象。假设我们正在对"NCTM《课程标准》的建立标志着数学教师从州政府相关部门手中重新夺回课程的控制权"这一诠释进行三角验证，研究者可以在重要的时间节点邀请一位同事或另一个团队的成员加入观察。研究者通常不可能请到其他研究者进行观察，但有一个很少被用到却很有价值的策略，就是向一组研究者或专家呈现观察结果（可以带有或不带有诠释），并共同讨论其他的诠释方式。在看到资料时，许多专业的数学教育者都会否认制订NCTM《课程标准》的政治意图。他们的反应不仅会支撑或削弱原有的诠释，还会为案例研究提供新的资料。

如果要选择具有不同理论视角的共同观察者、专家组成员或审议者，就涉及邓津（1989）所指的**理论三角验证**（theory triangulation）。事实上，由于两个调查者不可能给出完全相同的诠释，只要有多个调查者在进行资料对比，就是在一定程度上进行理论三角验证。例如，观察一位有意或无意认同行为主义的调查者和另一位更具整体主义倾向的调查者，看看他们在多大程度上用相似的细节来描述同样的现象，就是在进行描述的三角验证；观察他们在多大程度上就现象的意义达成一致，就是在进行诠释的三角验证。（当然，这些并不是完整意义上的三角验证。）从某种意义上说，这是个双赢的局面，不同的意义可能会极大地帮助读者理解案例。但依我的经验看，调查者会急于寻求肯定，而不愿意发现另一种需要构建的诠释，当然也不愿意对其进行三角验证。

第四种策略最为人所熟知，即**方法三角验证**（methodological triangulation）。例如，为了提高自己诠释的可信度，我们会在直接观察的同时辅以查阅旧的记录。有一次，我问心理学认识论者唐纳德·坎贝尔（Donald Campbell）其最得意的成就时，他引用了和唐纳德·菲斯克（Donald Fiske）关于多特征、多方法的研究设计（Campbell & Fiske, 1959）。他们认为：

> 在一门科学中，要建构有用的、假设为真的概念，需要从独立的观察视角出发，通过一种三角验证的方式，采取多种方法聚焦于对同一个概念的检视（p.81）。

他们承认，社会科学研究的许多发现都不知不觉地受到研究者工作方式的影响。如果在同一项研究中采取不同的方式，就有可能发现或避免一些无关的影响。案例研究的方法也是观察法、访谈法和文献回顾。在观察到操场上的事件后，我可能会问一位教师或一个学生："你看到了什么？"访谈是一种替代方式，通过一个代理观察者来看到我自己可能不曾看到的东西。他们的回答总是会证实我的某些描述，也时常会证实我的某些诠释，但我常常会意识到，事件并不像我一开始假设的那么简单，三角验证总是会让我们回到原点。

一个人越相信建构的现实，就越难以相信任何复杂的观察或诠释能够被三角验证。邓津和许多质性研究者都认为，三角验证的策略已经演化为寻找更多的诠释，而不是证实单一的意义（Flick, 1992）。

成员核验

在案例研究中，行动者既是导演又是演员。他们虽然是研究对象，但也会定期提供重要的观察和诠释，有时还会就资料源给出建议，还会帮助研究者对自己的观察和诠释进行三角验证。

在成员核验（member check）的过程中，行动者要阅读有关他们行为和语言描述的草稿，这些描述可能刚刚成稿，还没有从行动者那里获得进一步的资料。行动者还要对材料的准确性和表述风格进行把关，鼓励他们提供其他的描述或诠释方式，但不能承诺最终报告中会采用这些不同版本的诠释。不过，通常总会有某些反馈值得纳入最终报告。

有时，一个行动者会对文稿持反对意见。在下面的段落中，我针对一位教师的长篇描述就遭遇了这种情况。在为期几周的研究中，我一直很欣赏他的教学，认为我的草稿对他进行了正面的描写。可是他极力反对，认为这些文字让他和学校都很难堪。我修改了这个段落，删除的部分用删除符标注，增加的部分加粗显示。

> 我在弗里先生的教室的所见所闻，提醒我他想要的学习品德是~~成年人所渴望的~~**被广泛认同的**行为举止和社会化。大多数人都会赞同孩子们要想学得好，就得放弃学生生活中有趣的、非学业的部分，例如折纸飞机、故意放屁、在比萨罐里放硬币。教师会努力减少这些可能分散注意力的事，不仅因为家长和管理者觉得安静的教室才是好教室，而且因为只有控制这些常见的分心因素

才能让学生学习无聊的课程**集中注意力，以便教师开展常规教学。**

我对一些段落进行了这样的修改。弗里先生没有回应我再次征得他同意的请求，但当我联系上他时，他表示不希望对其课堂的描述以任何形式出现在报告中。经过长时间的反复斟酌，我将此项案例研究进行了整体的匿名化处理，并把对课堂的描述写入报告。

在长期使用成员核验方法的过程中，我从行动者那里得到的反馈通常并不多。这些反馈虽然不尽人意，但仍然十分必要。我常常没有理清所有的事实，所以需要他们的帮助。我是在占用他们的时间来完成自己的工作。当我把草稿寄给行动者核验时，最常得到的回答就是他们不承认我寄了任何东西。通常情况下，我的描述都很正常，他们显然不需要给出反馈。但有时也会有人完整地阅读，本着相互尊重的原则提出自己的观点，并就如何改进给出建议。我认为，成员核验对我提升所有自己的研究报告都有帮助。

研讨班

为了帮助于默奥大学的学生们认识三角验证的概念，我让他们就艾伦·佩什金所著的《正在长大的美国人》（*Growing Up American*，1978）一书中的学校董事会成员进行角色扮演，然后思考还需要哪些资料。学生们分别选择了各自的角色，朗读了下面的对话。佩什金已经列席这个小镇的学校董事会会议一年了，今晚的会议是为了选出一位新的督学。郡里的督学帮助所有的候选人准备了材料，并安排了面试。现在，董事会正在开会，以做出最后的决定。

Θ：曼斯菲尔德公立学校（Mansfield Public School）
I：教育项目是否受到了社区文化的显著影响？

学校董事会决策过程
董事会主席： 我们来讨论一下哈格多恩吧，说说我们为什么不想选他。
2号董事会成员： 好的，我们来看看董事会对他的感觉。我觉得我们有更好的选择，我不是说资质方面。他能胜任这个工作，也能做公关，我只是觉得他不是我们要找的类型。
3号董事会成员： 尽管我不想这么说，但他的外形是个不利条件，你必须得承认。
4号董事会成员： 他不像有些候选人那么稳重。
5号董事会成员： 我担心大家会在背后笑话他。
3号董事会成员： 他太重了，心脏会有压力。
5号董事会成员： 他也比较温和。他看起来平平无奇，但他说的时间越长，感觉就越好。
3号董事会成员： 他当时累了，那个体型的人容易累。我们不能骗自己，形象很重要，他的体型是个不利条件。

董事会主席： 接下来是达根。

7号董事会成员： 我觉得他很好，但对我们这个小镇和这所学校来说，他太大牌了。他的理念都适用于城里和大规模学校，而我们的条件还达不到。

4号董事会成员： 如果让他开始做很多我不知道我们的条件是否能达到的事，我觉得他可能会感到焦虑。他肯定会推动无年级制度——虽然他说他会循序渐进，但他明显很想这么做——这么大的变化会有点吓人。

7号董事会成员： 我觉得他很好，但后来我们又见到了更多的候选人，也更了解了这种不分年级的理念。他会是个很好的推动者，我很确定。

6号董事会成员： 其他人也说到了无年级，但……

7号董事会成员： 他的理念太多，无从下手。你得先看看学校的条件，再来指手画脚。

6号董事会成员： 我觉得他对纪律问题可能没那么上心。今天下午我们开会前，他回答问题有点慢，但都会认真思考。他的妻子总是主导对话。不过他是个聪明的人。

3号董事会成员： 我想见见他们每一个人的妻子。

郡督学： 他们这一对给我的印象很深刻，他的妻子对我们的社区很有价值。我会给他打高分，但不想影响董事会其他成员的感受。我不觉得我对他们哪一个了解得足够多。

7号董事会成员： 他看起来过于强势。当他说话时，我脑子里都是美元符号的声音。对这个社区来说，他可能过于聪明，社区可能听不懂他讲的话。

6号董事会成员：还有一点，他强调想要四周的假期。

2号董事会成员：主要是他提出的薪酬要求。

7号董事会成员：好吧，这个达根，他说他想进一个小规模的社区。但我觉得他可能会从大城市带来太多理念，以至于超出我们的承受能力。

郡督学：你得理解一个曾经在大城市工作的人所处的环境。他可能会带来新的理念，如果他能适应我们的慢步调就好了。

4号董事会成员：那得一年后才能知道。

郡督学：你知道的，宁可找一个想法多的，反正你们可以压一压。

5号董事会成员：那倒是。

2号董事会成员：如果董事会想压一压，他的劲头可能会更足，到时候就不好办了。

董事会主席：大家觉得摩根怎么样？接下来的三个很难选。

7号董事会成员：我对他印象不错，我觉得他会跟公众和孩子相处得很好。对我来说，这一点比其他的都重要。

3号董事会成员：我觉得他不过是泛泛而谈。

6号董事会成员：他说话的声音很洪亮，也很年轻。

4号董事会成员：最后他放松下来的时候，声音带有很重的鼻音。

2号董事会成员：他不会留下的。

6号董事会成员：他正在上升期。

5号董事会成员： 我觉得他是个强势的人。

4号董事会成员： 我不觉得他强势。

7号董事会成员： 如果这个人遇到什么问题，我觉得他会独立应对并解决问题，不受他人的干扰。这是我的感受。

董事会主席： 下一个，罗杰斯。我对他有感觉，他说，"如果你们雇我，我就会接受"。但我不觉得他很渴望这份工作。

6号董事会成员： 我能看出来为什么他会得到一份卖房子的工作邀约。他的声音很适合，也会记住你的名字。我倾向于相信他能只靠一张嘴就应对大多数的情况。回到事实本身，他说得很宽泛，也承认自己并不了解教育领域的新进展。我们需要更具体的回答。

董事会主席： 那就只剩雷诺兹了。

2号董事会成员： 他是我的首选。

郡督学： 在前三名中，我谁都不想选。在其他两个中选择一个吧。

2号董事会成员： 雷诺兹和罗杰斯都说他们没有时间限制，会根据工作要求来确定工作时间。雷诺兹靠打工读完了大学。

5号董事会成员： 就薪资要求而言，他的要求是最低的。

3号董事会成员： 他也是个乡下人。

4号董事会成员： 我不确定罗杰斯想要这份工作。

5号董事会成员： 我喜欢他，但我不觉得他会在这里工作超过两三年。

2号董事会成员：他会把球踢回来，总是问你的意见。我们已经充分讨论过他了。

6号董事会成员：雷诺兹非常严格。

董事会主席：你想怎样呢？我们应该删去一些选项吗？

5号董事会成员：我们在这两个人里重新投票吧，这样就选出来了。

通过这些会议和在社区进行的访谈，我们发现学校是渗透地方风气和文化的主要工具，而部分原因就在于学校选择了能够代表和忠于本地文化的教育者。因为在学校里大部分人都是不愿意创新的人，所以引入激进的教育理念和课程的机会被推翻了。佩什金在曼斯菲尔德待了一年多，又花了两年多分析他的手稿并进行写作。他的分析方法是根据论题和主题对记录进行分类，然后反复阅读这些材料，并反复思考和修改他的诠释。

于默奥大学的学习小组的任务是讨论这篇花絮中的文化维系论题，每一个学生再分别写下研究者可能会去哪里寻找证据，以佐证、质疑或推翻这些论题，虽然他们并不了解曼斯菲尔德的学校和社区。

第八章
撰写报告

构思报告

读　者

讲故事

花　絮

如果研究者不进行"无情地扬筛"[1],20页的案例研究就可能会变成50页。有时我们会担心没有什么可说的,但不知不觉中就会说得太多。为了读者和案例,也为了节约纸张,研究者需要找到特定研究情境下最好的故事。有效率的作者会讲述必要的部分,将其他部分留给读者。为了证明这一观点,安贝托·艾柯(Umberto Eco)在《悠游小说林》(*Six Walks in the Fictional Woods*)中引用了阿基里·坎帕尼莱(Achille Campanile)的对话:

> 格迪昂疯狂地朝停在街道尽头的马车打手势。老车夫艰难地从驾驶座上爬下来,尽可能快地朝我们的朋友们走过去,嘴里说道:"需要帮忙吗?"
> "不!"格迪昂恼怒地喊着,"我要马车!"
> "噢!"车夫失望地回答,"我以为你需要我呢。"
> 他转身朝马车走去,爬进驾驶室,问一直和安德烈

---

[1] "无情的扬筛"是研究设计者朱利安·斯坦利(Julian Stanley)传授给我的建议。——原注

亚坐在一起的格迪昂:"去哪里?"

"我不能说。"格迪昂说道,他希望自己的探险是个秘密。车夫不爱打听,也没再问。他们面无表情地坐了几分钟,看着风景。最后,格迪昂再也控制不住,大声喊道,"去菲奥伦齐纳城堡!"他的喊声惊着了马,车夫也开始抗议:"这个时候去?到的时候都要半夜了。"

"倒也是,"格迪昂喃喃地说,"那我们明天早晨再去,7点整你再来接我们。"

"坐马车去?"车夫问道。格迪昂想了一会儿,最后说:"好的,那样更好。"他一边朝小旅店走去,一边对车夫嚷:"嘿!别把马忘了!"

"你是认真的吗?"车夫惊呆了,"好吧,随便你。"[①]

坎帕尼莱看似风趣的描写会让读者感到恼火,作者对显而易见的部分讲得太多,对需要推测的部分又说得太少。读者也是这次"交易"中的特别成员,也应当承担一部分工作。研究者在构思报告时,必须把读者考虑进来。

构思报告

研究者可以用任何有助于读者理解案例的方式来构思如何撰

[①] 阿基里·坎帕尼莱(Achille Campanile),《八月不识妻》(*Agosto, moglie mia non ti conosco*),选自米兰蓬皮亚尼出版社(Bompiani)的《合集》(*Opere*),第830页。——原注

写报告。在撰写报告时，研究者已经确定了特定的研究问题来观察和探究案例的复杂性，已经认识到特定的背景对于理解案例之所以这样行动的必要性，也已经形成了案例的年表。案例研究者需要做的不仅仅是描述问题、背景和历史，而是要去建构这些问题、背景和历史。

下表是构思案例研究报告的一种方式，也是我常用的方式。我会假设一份报告包含7个部分，即下表中的7个单元格。我会在大脑中构思，然后写在黑板上，几乎同时会将其归档于磁盘上文件夹"第×章"里。在我开始写下自己的观察、访谈和对论题的想法之前，不会试图去填写表格。随后，如果资料收集得很顺利，根据资料储存计划和我脑中的设想，我会更加明确地填写每一个单元格所需的资源。最终，在最后的成文阶段，我不只是把各个部分堆砌在一起，而是把它们整合成完整的叙事，有时还会用讲故事的方式，让案例更易于理解。在动笔之前，我并没有真正理解这个故事。

引入花絮	我希望自己的读者立刻开始建立替代性经验，去体会案例的时间和空间
明确论题、研究目的和研究方法	虽然我的读者大多都不关心研究方法，我还是希望让他们了解研究是怎么开展的、我是谁，以及我认为能够有助于理解案例的论题是什么
深入的叙事描写，进一步界定案例和背景	我想呈现相对而言没有争议的资料，如果不进行诠释就不完整的资料；想呈现读者能够身临其境，他们会进行的描述；如果我有可以呈现的争议资料，那么我可能会呈现出来，用于对比或佐证

续表

论题的变化	在研究过程中（可能是研究进行到一半的时候），我想谨慎地提出几个关键论题，不是为了超出案例本身进行推论，而是为了理解案例的复杂性；在这个阶段，我通常会借鉴其他研究或我对其他案例的理解
描述性细节、文献、引文和三角验证资料	有些论题需要深入探究，这里需要最可靠的经验资料；我不仅会说明我做了什么来证实观察结果（即我的三角验证），还会说明我做了什么来试图推翻它们
推断	我想提供信息让读者重新审视自己对案例的认识，甚至去修正对这类案例现有的推论；虽然呈现了一些相对而言未经诠释的观察，但我还是会总结自己对案例的理解——对案例的推论在概念上的变化，以及我对推论的信心的变化
用花絮结尾	我喜欢摘取经验笔记作为结尾，提醒读者报告只是一个人与一个复杂案例的遭遇而已

我的研究会在一开始就慎重地估计最终报告的篇幅，再按照上表中的 7 个部分分配各个章节或研究阶段。有些人觉得我的这个特点十分不同寻常，但这种做法能够迫使我通过有限的篇幅来完成复杂的描述。如果没有限制，只要我觉得可能还有有趣的事物需要了解，就会无休止地收集资料，还可能会呈现更多的情节，远远超出讲述故事的需要。如果分配好词语或篇幅，我就会更好地利用田野时间，避免通过访谈或资料源去收集我可能用不到的资料。

很多人习惯用话题提纲作为辅助工具，而我用得不多。如果单独使用提纲，会导致写得太多变得合理。如果把提纲中的每一行字都展开，4页纸就会变成8页纸或12页纸。研究者需要进行一个迭代过程，既向前推，又往后拉。与话题提纲相比，我更喜欢使用一个带有篇幅分配的初步内容表格。标题句的主题内容当然会促使我写得更多，但篇幅分配会让我"无情地扬筛"。

为什么要有篇幅限制呢？限制有时确实不需要。在研究初期，我们预计要以特定的形式展示研究成果，通常其中一种展示方式（即最终报告）最为重要。最终报告可以辅以其他展示方式，但总的体量不宜过大。装订或邮寄都有物理限制，期刊会有篇幅限制——既受时间所限，也由项目长度决定。更重要的是，对读者、受众而言也有有效性的限制。简短的报告可能比冗长的报告更讨喜、更有意义，报告的页数应该符合沟通的成本。

写报告时最令人苦恼的是要先讲清楚几个完全不同又互不相干的事：案例的定义、主要论题、研究目的、调查方法、资助方的性质、其他人提供的协助等。显然，它们都不是首要的。哎，如果我们能像小熊维尼说的那样，"只要从头开始"就好了。

读　者

研究者不可能预知谁会读到研究报告，但他们还是会预测潜在的读者，以及读者的潜在反应。读者的反应都是有条件的，例如有人读报告是为了完成工作任务，有人在有争议的劳资纠纷中引用报告，有人了解案例，有人不了解，而研究者可以做很多事情来预测读者的反应。可以让代理受众来阅读报告的某些部分，也可以精心设计让某一类读者进行角色扮演。了解你对报告接纳程度十分关切的同事、配偶或朋友，他们都能够阅读报告初稿并为你提供帮助。

当然，正确地预测读者的反应并不意味着要改变撰写报告的方式。我预测读者对哈珀学校案例报告的评论应该很糟糕，因为我引用了亚当脱口而出的原话。我预测案例报告会同时受到赞扬和反对，因为它体现了对教职员工的过度保护。我也预测教师们会说他们对个体的支持和纪律的关注只是想为学生的学业进步创造条件，而不是想取代学业。我预测到了这些反应，但不会有意改变我的展示方式。我认为我的读者首先是那些对领导芝加哥学校改革负最大责任的人，不过我没有预测到这些人有多大决心来对学校进一步施压以改进教学。

埃科区分了经验读者（empirical reader）和理想读者（model reader），前者是真正阅读报告的人，后者是研究者为之撰写报告的人（1994）。他认为：

> 一个故事的理想读者不是经验读者。经验读者是你、是我，是阅读文本的任何人。经验读者的阅读方式很多，没有法律规定他们要怎样阅读，因为他们会把文本视为承载自己激情的容器，而他们的激情可能来自文本之外，也可能只是偶然被文本点燃。（p. 8）

他的观点非常有用，提醒作者要同时关注读者的特权和局限。既然无法预知或控制经验读者，作者就需要选择一个理想读者。但如果作者完全忽视经验读者，就一定会令读者大失所望。因此，研究者应假想一个理想读者来进行写作，并时不时地进行回顾，了解真实的读者会有所不同。重要的是为"应该理解什么"而形成报告，不要为了将错误的诠释最小化而简写，要为了将读者与案例的复杂性遭遇最大化而详写。

回到两章之前，我说过许多案例研究者都倾向于将读者视为知识的建构者。这些研究者和他们衣钵的传承者会认为读者能够针对案例产生自己的意义，有时还能够形成自己的模糊理解，研究者不应也无法阻止他们。撰写报告的方式应该能够帮助读者进行论证。研究者应该努力去预测替代性体验无法提供给读者的内容，努力去组织报告文本，以推动自然推论。作者应为读者提供他们基于现有知识就能轻易吸收的信息，帮助读者建构案例的意义。

讲故事

我们越来越多地听到案例研究就是在讲故事的说法。以故事的形式呈现报告偶尔会奏效，讲述几个故事或几个花絮来说明发生了什么会更常见，但案例研究报告通常不讲故事。一个故事的要素包括：特定情境中的角色明显遇到了问题；一开始尝试解决这些问题会遭到失败，问题变得更糟；随后通过不同寻常的、激动人心的努力，问题最终得以解决。

案例则并不因其问题而为人所知。案例包括问题和解决问题，但一般来说，案例的本质不在于它的问题。研究者近距离地审视问题,有时还将这些问题称为论题,因为论题为审视案例的情境、复杂性和应对行为提供了良好的窗口。案例报告的章节可以由论题决定,但即使没有解决问题,案例研究中的案例也比论题本身所揭示的内容更大、更具体,与自然生活的联系也更紧密。撰写案例研究报告不是简单地讲故事。

与讲故事相比,案例研究报告的展开会更加遵循本章前述确定的顺序,或是以下三种路径之一。

1. 案例发展的时间顺序或传记顺序
2. 研究者逐渐认识案例的视角
3. 逐一描述案例的几个主要组成要素

范·马宁更加简练地将路径分为现实派讲述、自白派讲述和印象派讲述(1988)。现实派讲述"提供了更加直接、实事求是的描述",自白派讲述"关注田野工作者比关注案例要多得多",而印象派讲述"以戏剧化的形式对田野工作的短暂瞬间进行个人化描述"(p.7)。这些术语有助于作者进行自省,但会减损研究者的以下意图:提供不止于文学花边的、更加值得尊重的研究报告。

不过,传统的研究报告——包括问题陈述、文献回顾、研究设计、资料收集、资料分析和研究结论——完全不适用于案例研究报告。案例既不是一个问题,也不是一个假设。作者可以考虑这里建议的一些其他选项,然后确定自己描绘案例的方式。

花 絮

一份报告通常包括一篇或几篇花絮，用于简要描述片段，以呈现案例的某个方面或其中一个论题。花絮通常被用于呈现极端的、非典型的事件。以下是孩子们的典型行为，也是在学校教育中的非典型行为：

> Θ = 卢瑟·伯班克小学（Luther Burbank School）
> I = 由于学校缺少受过艺术教育的教师，可以通过计划外的审美体验实例来帮助学生提升对审美的理解。
>
> 尼娜·巴尔托利带着四年级学生到卢瑟·伯班克之家（Luther Burbank House）进行实地参观。离这位伟大的博物学家培育的果园和葡萄园不远的地方，是一座由这里的第一批移民建造的古老的土坯房。卢瑟·伯班克之家就在西边大山脚下的橘子树边，位置很低，看不到河流。
>
> 孩子们五个一组，像早期移民一样完成制作土坯砖的任务，阳光正好。他们聚在一棵低垂的雪松下大约6英尺[①]宽的浅坑里，把一车黑土倒进坑里，加了几英寸的水，然后脱掉鞋子、卷起牛仔裤，在坑里转圈以踩踏黏土，齐心协力地转啊转。他们的空间和目标都非常有限。

---

① 1英尺约为0.305米。——编者注

　　　　公园护林员赫雷特·尼尔森脱掉鞋袜，也加入进来。由于她的加入，工作开始变得严肃起来。但当他们干得起劲时，因为浅坑变得更滑，护林员也未加警告，泥开始弄到腿上，又弄到胳膊上。孩子们开始玩了起来，越来越多的孩子滑倒、撞倒或把泥抹得到处都是。他们还在一会快一会慢地转啊转。

　　　　护林员尼尔森退出了。一个金发女孩的头发突然沾上了一道泥。孩子们的嬉笑声越来越大，场面也越来越混乱。最活跃的一个男孩胸前已经全是泥。一位家长说："够了！"他们用手把泥浆舀到模具里，拍平整，还在转啊转，既是为了完成任务，也是在寻找乐趣。最后，他们毫不关心自己做的砖，都去水龙头那里冲掉了淤泥。赫雷特·尼尔森不好意思地笑笑，摇了摇头。温暖的阳光确保他们基本算是完成了制作土坯砖的任务。

　　这篇花絮能够佐证我的论题和推断。虽然正在体验爱好，但这里的年轻人并没有表现出哈里·布劳迪（Harry Broudy）所称的"开明爱好"（enlightened cherishing），即将原始经验进行扩展，从而有意识地在个人价值与文化价值之间建立联系。其他地方的年轻人也一样。尼娜·巴尔托利并没有跟进这一点，而有意识的教师可能就会进一步展开。有说服力的花絮通常带有情感色彩、缺乏代表性、逻辑上也漏洞百出，因此《第一次探索》（"The First Probe"）(1974)的作者查尔斯·布劳纳（Charles Brauner）担心我们会进行叙事欺诈（narrative fraud）。如果主要因为一个罕见而生动的时刻恰好符合自己的偏好就过度关注，那么研究者就的确应该被质疑。

许多新手研究者（当然还有少数老手）都觉得撰写报告的过程劳心费力、令人沮丧。哈里·沃尔科特在专著《撰写质性研究报告》（*Writing Up Qualitative Research*，1990）中就如何坚持撰写报告给出了一些建议。能够预计的是，撰写报告比一开始就收集所有资料所用的时间更长，这也是尽早着手写作的另一个理由。

研讨班

于默奥大学学生的最后一项练习是审阅他们自己撰写的案例报告，或本书第十章中呈现的哈珀学校案例报告。我让他们确定潜在的读者，然后使用下面的清单来看看已经做了什么，还要再做些什么才能让案例报告更适合这些读者。

案例研究报告评价清单			
1. 报告易读吗？	非常□	一般□	难□
2. 报告整体上和谐吗，每句话都对整体有贡献吗？	非常□	一般□	不和谐□
3. 报告有概念结构（例如主题或论题）吗？	有□	有点□	没有□
4. 报告的论题是用严肃的学术方式建立的吗？	是□	有点□	不是□
5. 案例界定得充分吗？	是□	一般□	不是□

续表

案例研究报告评价清单			
6. 对案例的呈现有故事感吗?	强☐	部分是☐	没有☐
7. 为读者提供替代性体验了吗?	有☐	有点☐	没有☐
8. 有效地引用原话了吗?	是☐	有点☐	不是☐
9. 有效地使用标题、图表、艺术字、附录和索引了吗?	是☐	一般☐	不是☐
10. 文本编辑得好吗,最后进行润色了吗?	很好☐	有点☐	不好☐
11. 作者进行合理推断了吗,有无过度诠释或诠释不足?	有☐	一般☐	没有☐
12. 对不同的背景给予足够关注了吗?	是☐	有点☐	不是☐
13. 呈现足够的原始资料了吗?	大量☐	一般☐	弱☐
14. 资料源选择合理吗,数量充足吗?	强☐	部分☐	弱☐
15. 观察和诠释进行过三角验证了吗?	是☐	有点☐	不是☐
16. 研究者的角色和观点明显吗?	好☐	有点☐	无☐
17. 目标受众的性质明显吗?	是☐	部分是☐	不是☐
18. 对各方都有共情吗?	是☐	有点☐	不是☐
19. 审视个人意图了吗?	是☐	有点☐	不是☐
20. 会使个体遭受风险吗?	是☐	有点☐	不是☐

第九章

反 思

案例是一个需要被研究的特定事物,可以是一个学生、一个教室、一个委员会或一个项目,但不能是一个问题、一种关系或一个主题。研究者要研究的案例中可能会有各种问题和各种关系,案例报告也可能会明确一个主题,但案例本身应当是个实体。在某种程度上,案例具有独特性的生命力。案例是我们并不完全了解却想要完全了解的事物,这便是研究者进行案例研究的动因。

要对案例进行研究,就需要设计资料收集和生成报告的方式。通行的有效做法之一,是围绕一个或几个论题来组织研究。论题是指没有形成共识的问题,是因情境和背景而异的复杂难题,研究者需要将论题、情境和背景都呈现给读者。

选择论题有助于确定资料来源和收集资料。我们可能会进行观察,也可以通过访谈来"观察"无法亲眼看到的事物,还可以进行文献回顾。这些研究活动通常会让我们重新审视自己的论题,也会产生新的论题。因此,案例研究工作常被称为"逐步聚焦"(即随着研究的推进,所组织的概念发生了变化)。

案例研究的重点通常是寻找并呈现有关活动和论题的多元视

角，发现并描述不同的观点。研究者几乎没有去调解相反的说辞或冲突的价值观的必要，因为它们都有助于理解案例。

我们尽量在案例的日常活动和场域中开展观察，也尽量减少干预，避免调查研究和实验研究的特殊检验和分组。我们承认案例研究是主观的，在很大程度上取决于先前的经验和对事物价值的感受。我们希望让读者了解收集资料的个人经历，并使用三角验证来最大程度降低对研究结论的错误认识和结论的无效性。

我们追求准确但有限的理解，也鲜少尝试推及其他案例。当然，我们会不可避免地把案例和其他案例进行比较。我们也好，读者也罢，都常常会因为熟悉了新的案例而去修正之前的推论。案例常常是给定的，不由我们自己选择。当我们有机会去选择案例时，更有效的方式通常是选择最有可能加深现有理解的案例，而不是最典型的案例。事实上，有时特别反常的案例也会帮助我们理解其他案例。

我们使用平实的语言和叙述来描述案例，希望通过充分的、非技术性的描述和叙事来全面地呈现案例。案例报告读起来可能像在讲故事。观察必然是诠释性的，描述性报告在行文中会伴有诠释，也会留有专门的诠释部分。我们为读者留出了诠释案例的空间，当然也提供自己的诠释。

开始写这本书的时候，我正在瑞典享受北极的夏天。完成这本书时，我则身处伊利诺伊州，感到像北极一样冷的冬天正在逼近。这有什么关系吗？迈克尔·休伯曼在阅读本书的手稿时，认为我提到的关于瑞典的部分没有什么意义，如果省去这些内容，读者可能会觉得这本书更加直截了当。但我恰恰想借此来说明案例研究是多么私人化、多么依赖情境，又是多么错综复杂。研究者在观察、诠释和记录案例的过程时，不可能跳脱出他们的日常生活。

质性案例研究是十分私人化的研究，对研究对象的研究非常深入，鼓励研究者在诠释案例时呈现个人观点。案例和研究者之间的互动是独特的，不一定能复制到其他案例和其他研究者中。研究的质量和效用不在于其推广价值，而在于研究所产生的意义是否得到研究者或读者的认可，因此需要进行个人的价值判断。

每个研究者的风格和好奇心都有其独特之处，其中某些特征是研究者有意识地历练和培养的结果。研究者会选择私人化和质性化的程度，以及自己扮演的角色，随着阅历的增加，这样的选择会日趋合理。新手研究者要特别注意在工作中和闲暇时练习观察、访谈和文献分析，使用这本小书中讲述的方法去挖掘案例的意义——既包括研究所需的意义，也包括意料之外的意义。

过度打磨一项案例研究，使其兼具内生性和工具性，以迎合太多不同受众的需求，相对而言比较容易。有时研究者需要后退一步，少引申一个问题，少撰写一个章节，把故事讲得更加精炼，但内部逻辑更为自洽。研究者应让其他人去完成未尽的故事，以及去展开其他的故事。

最困难的是要花很多力气，才能将单案例研究整合到多案例研究中，整合到使这一项案例研究在其中显得无足轻重的整体框架中，或是迎合客户的需求。研究者不能忽略这些现实，但必须进行权衡。如果一项研究能根据不同目的而被随意整合，可能意味着研究本身的质量并不高，而一项研究之所以失败，可能只是因为人们对它的要求太多。

当然，再多的关心也不能确保案例的价值。案例研究是一种互动交流，首先发生在单个研究者和案例之间，随后才发生在研究者和读者之间。这样的互动交流有共情、有庆祝，但永远是理性的，是意义的传达与创造。

完成一项案例研究就像打磨好一件艺术作品，有些研究者甚至会认为，某项案例研究是他一生中除家庭之外最好的作品。这是因为案例研究的深入性让我们有机会超越他人的视野，去思考自己生命的独特性，并最大限度地发挥我们的诠释能力，甚至案例研究的完整性本身就足以让我们为自己珍视的事物奔走呼号。案例研究的前景是五彩斑斓的。

第十章
哈珀学校

各地的教育工作者们都很关注芝加哥的学校改革，但芝加哥的弗朗西斯·哈珀学校却并不关心。它关心的是充满挑战、十分繁重而又令人沮丧的日常教学和管理工作。对该校的教职员工来说，系统性的学校改革是个抽象概念，过于脱离现实。

> 报告开篇，我要么以一篇花絮来引入，以提高读者对案例的叙事性描述的期待；要么以一个主要论题来引入。这里我用了论题 I_1：在哈珀学校，大家对改革的定义是否相互矛盾？

哈珀学校的《学校改进计划》呼吁改进阅读和跨文化学习，为接受更高层次的教育做好准备，甚至还包括修缮破损的窗户。但日常教育教学中劳心费力的工作却更乏味：听学生为缺勤和迟到找的理由；发现只有一个学生完成家庭作业；与叛逆的学生发生冲突；在其他班级下课前维持午餐的排队秩序，一队去餐厅，一队去出口。如果心怀崇高的目标，会不会提高这些单调工作的效率？当下的这些任务是不是实现更远大的学术目标的垫脚石？或者说，如果教师、学生和其他员工都竭尽全力，改革目标会不会不再遥不可及？

这里呈现的观察能够帮助我们认识这所学校的这些问题。在哈珀学校，责任很多，机会也很多，但教学却多少有些停滞不前。即使推行不同的《学校改进计划》，教师和管理者会做的可能还是跟现在差不多。

> 研究者需要将这份案例报告与其他五份案例报告的风格保持一致，以将它们整合成一份整体评估报告。有人认为报告风格应当有所不同，以吸引读者关注案例和研究者的独特性。但也有读者并不赞同，认为风格差异会影响人们通过对比案例来得出研究发现。

学校和社区

第一天早上，我8点多一点到达哈珀学校，观察大多数学生入校。那是马丁·路德·金（Martin Luther King）生日的第二天，早晨还很冷。许多年轻人都穿着芝加哥公牛队的队服。他们都是走着来的，几乎都住在附近的被当地人称为"广场"（The Place）的高层住宅区。

一个穿着交通管理制服的中学生很有礼貌地把我带到一个没有标识牌的门口。这栋楼的白砖墙非常干净，没有涂鸦，也并不显旧，简单地写着"弗朗西斯·哈珀学校"几个字。我进去之后，保安队长卡特先生给我指了指办公室。一位清洁工和几个孩子注意到了我。

> 介绍物理环境的细节非常重要。读者对背景的了解，能够在很大程度上增进对案例的理解。

办公室文员给了我一个大大的微笑，带我去见了"老板"。

| 案例研究 的艺术 THE ART OF CASE STUDY RESEARCH

> 这里重在描述氛围，而非对话的内容。

莱达·霍金斯校长热情地欢迎了我，我们到她的办公室进行了长时间的交流，期间总有许多人进进出出。我们先是讨论了前一天马丁·路德·金的拥护者与三K党在丹佛（Denver）发生的冲突。我问："怎么会这样？"她说："有些东西不会改变。"

> I₂：潘兴路的管理权限被裁减之后，哈珀学校的实际负责人是谁？

莱达·霍金斯从20世纪50年代起就在芝加哥这片区域教书，担任哈珀学校的校长也超过16年了，她很了解这一带。我们聊到了改革，聊到了芝加哥学校改革计划，还聊到了改革的导向更偏向治理而不是教学。"许多人因此成了校长。"她很有感触地说。她也提到了地方学校委员会，认为她的这个委员会运行得很不错。她还提到了改革群体对家长承担学校治理职责的不切实际的期望，还有缺乏对毫无经验的家长在当选后如何承担这些职责的指导。她的委员会里有一位成员曾说："你们怎么能指望我理解200万美元的预算呢？我连一个月460美元都搞不定！"

哈珀学校的社区参与程度不算高，只有几个家长志愿者和教师一起工作，哪怕是让地方学校委员会成员来参加委员会会议都不容易。用教师兼学校社区代表马蒂·米切尔的话说，"谁想做决定？谁能做决定？这样的人可不多"。

街　区

为了服务迁入新建的公共住房的家庭，弗朗西斯·哈珀学校成立于20世纪60年代中期。学校最初有2000个学生入学，当时每户大约有8个学生。到我们开展研究的时候，每户大约只有两三个学生，学生的总人数也下降到700人。许多家庭的户主都是母亲或祖母，她们背后大多都有一个逃避养育职责的男人。

在许多孩子眼里，这里的主要商业设施就是每天下午等在学校路边的糖果车。几年前，在街上的"奶油甜筒"那里有个喷泉，现在也关掉了。几个快餐店，一个小型

> 这里我删除了停在学校门口的车没电了的轶事。这个故事很有趣，也证明研究者的想象不但靠不住，偶尔还有点疯狂。但这个故事与案例的关系不大。

的食品酒水商店，基本上就算是商业区了。不过附近刚开了一个小型购物中心，走路就能到。旁边还有几个教堂，其中一个挂着"出售"的牌子。这个街区称不上破败，但也没有多少繁荣的迹象。少有的几栋两层住宅楼多数需要大修，高层住宅楼是这个社区的主体。

那天早晨，大约有300名哈珀学校的学生在食堂吃早餐，其中小学生比中学生要多一些，早餐有麦片、甜甜圈和牛奶。在晨雾中，他们安静地穿过露台，走下台阶。再晚一点，年纪大一点的学生（其中一些是帮派成员）会把这里变得吵闹起来，这里可能就不适合逗留，更不适合玩耍了。

在这个社区里，有三种主要的权威：警察代表着公民权威，学校代表着文化权威，附近住宅区里的帮派则代表着社会权威。

第一种权威和第三种权威处于角力中，而第二种权威则努力不受其他两种权威的影响。家庭、家庭服务机构、宗教组织和商业团体在塑造青少年成长环境中发挥的作用很小，其中一些甚至选择将帮派视为权威。

> 这里包含了大量的诠释。我喜欢在观察和描述的同时进行诠释，而不是等到汇总各种类型的资料之后。

寻找理解

> 我总是认为，要让读者"看到"我，要在研究者和现象之间形成互动。这非常重要。我尽量提供大量没有争议的描述，但始终确保观点还是我的观点。

作为大学教授，我在项目评估领域有长期的经验，当然大多经验都不是来自城市学校。基于上文提到的适用于任何案例研究的研究设计，我收集资料的方式反映了我在这个国家的学校开展案例研究所获得的经验。我向哈珀学校的人解释，根据中北部地区教育实验室和学校财务管理局（School Finance Authority）签订的协议，我会在哈珀学校从1月待到3月。他们中的很多人知道，学校财务管理局是伊利诺伊州指定的、对芝加哥教育董事会（Chicago Board of Education）的政策和支出进行监管的机构。我告诉他们，我是来了解《学校改进计划》的执行情况的，也告诉他们有另外五个团队正在其他五所学校开展同样的工作，我们会将每个学校的情况生成一份简短的、匿名的报告。

我说道，通过"为期一年的改革"，我并不指望学生的成绩会有所提高，但应当能够显示学校采取了哪些措施来提高学生的成绩。莱达·霍金斯和我都表示并不相信这样的"**信息**"能够推动或促进改革。我们把问题转到提高学生的学业成绩上。

"对许多孩子来说,"霍金斯说,"几个小时的安全本身就是成绩。家里都是毒品、醉鬼和危险,而学校

> 我引用了这次访谈中比较长的原话来构建 I_1,当然这些跟 I_2 也有关联。

不只是学习的地方,更是让孩子们不会感到害怕的地方。"她停了一下,"我不是说我想要只会拥抱学生或者只会为他们感到难过的教师,我想要能教书的教师,但许多孩子还没有准备好学习。为了他们所有人,我们需要的是能够每天都出现在他们生活里的成人,并成为他们生活中的稳定因素。我不像有些人一样,觉得有家长志愿者就够了。即使他们能一周来两次,对这些孩子所需要的稳定也起不了多大作用。"她也认为,来的家长虽然很少,但跟一年前相比已经有所增加。

"这里的员工队伍非常稳定,但可能持续不了多久。一部分原因是一些教师已经接近退休年龄,但主要原因是他们缺乏激励。他们多年来一直想要改善教学条件,但并没有看到任何成效,他们感到很泄气。从我收到的新教师应聘表来看,也没有多少希望,因为只有很少人能够胜任在这所学校教学的工作。"作为改革的一部分,哈珀学校能够得到《弹性预算》(*Discretionary*)第一章所规定的资助,也就是55万美元,以用于招聘教师、扩大员工办公室面积、建设计算机房和开办全日制幼儿园。所以,跟以前相比,班级规模已经不再是个消极因素。

评价标准

> 这里几乎没有参考研究文献。虽然参考和引用会破坏故事的连续性，却能够提醒读者诠释是服务于研究目标。

当想到我会在她的办公室外面看到一个安全、清洁、有序、快乐的学校时，霍金斯高兴起来。她提到潜移默化的重要性（她用了"水滴石穿"来形容），问我是否注意到了白色的外墙。"这个社区尊重这面墙。"我观察学生入校了吗？"他们都会脱帽，"霍金斯说，"我们走一走吧，我喜欢带所有的参观者走一走。"

> 这位接待者非常好客，而且显然发自真心，这种情况并不少见。我打扰了他们的生活，还是个来自不同文化的陌生人，但哈珀学校的大多数专业人士都对我十分坦诚。

我们经过被称为"城市门户"的驻校艺术家创作的雕塑，走到一条宽阔、荒凉的街道，后又经过了大学给我配的公车，走上了"广场"的露台。"那里是操场，你看看吧。"眼前是一片荒地，面积有一英亩多，没有树、灌木和草，秋千架上没有秋千，有个也许还能用的滑梯，也没有雪人。与街对面的空地不同的是，这里几乎没有垃圾。供200多户家庭使用的人行道上，冰还没有被清除。"每栋楼只有2台电梯，如果电梯坏了，孩子们就走楼梯。"保安队长卡特先生说。他一直跟在我们身后大约100英尺远。

九楼的窗户开了个小缝，一个女人喊道，"莱达！"因为距离有点远，我只听到她在调侃待产和毕业。除此以外，整个露台都很安静。我们围着第一栋楼转了一圈。"地下室脏得令人难以想象,"她评论说,"我一开始会劝说租户们做点什么,后来发现我只是在多管闲事。"我俯下身,捡起来一段用过的套管。

回到学校以后,我们讨论了我所需要的资料:姓名、电话号码和文件。霍金斯校长还有晨间的工作

> I_3:基于政策阐释和记录追踪的学校改革,与哈珀学校的运转方式冲突吗?

要做,但也想让我更了解学校和"广场",所以耐心地查找材料。她找到了1990年的花名册。我注意到,她并没有直接回答我的一部分信息式问题,而是一直在说哈珀学校的优势和劣势。很明显,我不会得到任何想要的信息,不过我对从一所郊区小学所能够获取的信息的预期在这里也并不适用,也可能是我并没有理解。我还在想,地方学校委员会的上一任秘书居然不识字。

我独自走过一楼的四个方厅,经过食堂和体育场,经过楼上给高年级学生设置的单人间,一共经过了36间教室。我听到社团活动的闲聊声,看到有人在安静的教室里阅读和发呆,还偶然看到室外活动的队列在有序前进。有些教室的门开着,大部分都关着,不过从玻璃嵌板上能看到里面。门上和墙上大多张贴着海报,用于吸引学生的注意力或激发他们的自豪感。周围非常安静。(这次)没有听到一点儿叫嚷或训斥,不过动不动就能听到刺耳的"变压力为动力"的声音。

我和一位三年级教师进行了交谈,她的学生们当时正在图书馆。她说,阳光让我们的性格变得可爱起来。那天早晨她原本很开心,直到一个学生带着文件过来告诉她,自己要正式搬走了,她才开始冷静下来。那个男孩在笑,我觉得他脸上有个爱尔兰酒窝,不知道别人有没有看到。

学校改进

> 研究的资助方提出了两个主要论题：
> I_4：学校启动学校改革所需的结构重组了吗？
> I_5：哈珀学校的学校改进目标现实吗？

哈珀学校的人对学校改革有自己的看法。马蒂·米切尔总结道："可能我们对学校改革被这么曝光有点不爽。这所学校的改革已经进行了16年了，从莱达·霍金斯担任校长时就一直在推进。每个对于学校改进有想法的人都得到了支持。我有点担心这个新的改革，担心它背后的动机。我觉得它过于关注把校长的权力下放了。"

> 开头那几页的正面描述反映了我对哈珀学校的第一印象。如果我的读者们去过哈珀学校，我相信他们也会有同感。

我问霍金斯校长，过去这两年有没有给学校改进带来"**特别的**"机会，以及在她所担任校长的16年间，是不是每一年都在努力改进学校。"无论是在当教师期间还是当校长期间，我都一直在思考怎样才能做得更好，以及作为一个整体的学校怎样才能做得更好。'**现在**'看起来完全不像是个机会，因为'**当**'我们需要什么东西的时候，我们反而得不到。反复拖延糟透了，繁文缛节也糟透了，一等就是几个星期，有时候要几个月。我的请求就一直放在某个人的办公桌上，以前我认识这些人，可以给他们打电话，问我要的东西什么时候能到。现在那个办公桌后面都没有人，一切都被重组了。没有人知道我的订单到哪了，也不知道什么时候能发出。他们所谓的问责就是死板的，只要超了几分钱，我的订单就会被退回来，标着'经费不足'。

我们可能是省了钱,但没有改善学校的运转。"

"看这个。"霍金斯说。校长指给我一本她刚刚打开的小册子,名叫《研究总结和自评指南:改革最初两年间的地方学校委员会》(*Research Summary and Self-Evaluation Guide: LSCs in the First Two Years of Reform*)。书中的第二部分是"校长评价与选拔"。她读了第一句:"'校长评价与选拔是地方学校委员会必须承担的最重要的工作。'他们看不见这些人根本不知道该怎么评价一个校长吗?不在于他们留什么发型,也不在于他们怎么谈吐,而必须依据他们为孩子做了什么。他们不到学校来,就不可能知道。大部分家长都没有能力帮助我们管理学校。首先他们得了解学校的教育项目。对这所学校来说,最重要的改进是什么?"

她把目光移开,显然决心不会对这个系统性计划做任何让步。"好吧,修好屋顶。你看到大厅里挂着的塑料袋了吗?下雨的时候,窗户也防不住水。""工程师能同意修吗?""会违反一些工会规定。""那工程师到底会修吗?""有时候吧。违反制度规定不是问题,这属于结构问题,修修补补是不够的。"我觉得学校看起来还不错。这里很暖和,油漆是刚刷的,颜色还很鲜艳。大厅还算干净,过道里都有艺术印刷品,还有几面墙上挂着关于"黑人遗产"的海报。内院虽然还被雪覆盖着,也能看到学龄前孩子的玩耍区到处都是可以攀爬的设施。办公室外面是传统的毕业照。从1986年开始,每个班大约50名到60名学生,都正值可爱的13岁,戴着天蓝色的四方帽,露出讨人喜欢的大大的笑容。

在工程师(也是总管)到主入口执勤的时候,我跟他谈了谈。他和我是当天我所见过的仅有的两个白人。我说:"这些地板在 8 点时还很干净,现在却到处都是脚印。"他说道:"这是个走读学校,孩子们在中午时会进进出出,增加了几千个脚印。当然我们需要多些人手,现在我们需要 4 个人,但只有 3 个人的钱。以前我们有个女同事负责玻璃和各种细节,不过这项预算被砍掉了。"

《哈珀学校改进计划》

在来到哈珀学校之前,我听说莱达·霍金斯是反对改革计划的。有一天下午她也承认了这一点:"不,我不怎么支持这次的改革运动,因为它充满了太多疯狂的想法,又有谁关心对孩子来说最好的事情呢?"

> 评估资助方学校财务管理局为在芝加哥推行伊利诺伊州的学校改革计划提供了强有力的支持。在委托这次研究时,成员们认为就改革成效进行评估还为时过早。

但是芝加哥学生的学业表现不好,而哈珀学校学生的学业水平又处于芝加哥最低的区间。哈珀学生的阅读、数学和语言课程考试成绩甚至不如分区的学生。学校改革启动后,霍金斯校长和她的地方学校委员会一起制订了《学校改进计划》。这个计划参照"创造新的学习方法"项目服务中心(Project CANAL Service Center)所提供的表格,基于本地重点关注的领域,从为地方层面设计的 22 个系统目标中选取了 13 个。下面的简表是哈珀的改革目标:

1. 将阅读能力高于常模水平的学生比例从 5% 提高到 20%。
2. 通过一些写作策略，提高阅读能力高于常模水平的学生比例。
3. 通过一些内容策略，提高阅读能力高于常模水平的学生比例。
4. 将数学能力高于年级水平的学生比例从 17% 提高到 30%。
5. 实现 80% 的学生参与激发志向的多元文化活动。
6. 实现 85% 的学生通过真实生活情境来改进他们的教育。
7. 实现学生创作视觉艺术，并在艺术作品中表演。
8. 实现 90% 的教职员工参与有效的员工培训项目。
9. 实现 80% 的教职员工参与有关学校改进的决策。
10. 实现 25% 的家长参与其子女的教育。
11. 提高社区和商业领袖在学校工作中的参与度。
12. 降低违纪现象的发生率。
13. 确认并处理 10% 的积压维修工作。

判断目标 1 实现进度的资料来自 1991—1992 年的伊利诺伊州学习目标评估（Illinois Goal Assessment Program，IGAP）和爱荷华州基本技能测验（Iowa Tests of Basic Skills，ITBS）。为了实现这一目标，哈珀学校的《学校改进计划》中列出了 21 项活动/策略，包括：

1. "咆哮计划"（休闲阅读）
2. "城市门户"（文学）
3. 课后阅读

4. IBM"写作促阅读"项目（1～12年级）

5. 诊断性测试（2～8年级）

6. 教室计算机教学

7. 指导性阅读思维活动（DRTA）—"知道""思考""习得"三步法（KWL）—"浏览""提问""阅读""回想""复习"五步法（SQRRR）

8. 拓展实地体验

9. 基础阅读指导

10. 图书馆俱乐部

11. 芝加哥"阅读写作思考"项目

12. 低年级自然拼读法

13. 课堂阅读，听书中心

14. 家长研讨会

15. "把老师带回家"项目（学前至三年级）

16. "阅读是基础"（RIF）项目

17. 合作学习教学法

18. 强调掌握学习目标

19. 整体语言教学法

20. 故事分析导图

21. 员工培训

> 一个主位论题出现了。
> I_6：哈珀学校的《学校改进目标》现实吗？

哈珀学校在《学校改进计划》的13个目标领域都做出了努力，我对此很满意。其中，目标5、目标8和目标11都得到了切实推进，这些改变都是为了支持学生的学业发展。我认为,这些改变(例如改变阅读状况而不是延长教学时间或转变教学方式)更多地关注情境因素而非直接的教育要素。教师们一直在竭尽全力追求这些目标,但我发现没有人有信心达成学业目标。

学校改革的意义

从系统性改革计划和地方的《学校改进计划》来看,上述 13 个目标仿佛涵盖了这个社区的学业愿景。人们对这些文件中制订的计划很少有分歧,但大多数计划都意味着学校应当优先达成某些目标,特别是有关安全、纪律和家长参与的部分。这里列举几个来自哈珀学校内部及周边社区的观点:

> 学校改革应该带来希望,变革教师的观念,切实投入新的资源,并用新的方法来帮助学生。
>
> ——从 1968 年任职至今的副校长

> 学校改革就是我们过去 16 年来一直在做的工作,以鼓励家长参与进来,诚实地面对我们的问题。
>
> ——学校辅导员

> 每项改革措施都给教师们带来了更多的文书工作。我希望看到不需要通过增加文书工作来证明自己的改革。
>
> ——教师

改革是在教职员工、家长和学生之间建立起积极的、可行的相互关系，共同解决学业和社会问题。

——学校社区资源教师

我也在思考改革意味着什么。学生的分数很低，我们要改变这一现状吗？还有逃学，我们要改变这个吗？我们是否想要美化校园？我们要改革些什么？需要做些什么？委员会需要想明白这些事，而他们现在还不清楚。

——地方学校委员会主席

学校的改革意味着学校将变得更好，不能关掉学校。哈珀学校的《学校改进计划》很不错，跟着计划走就可以了。

——地方学校委员会成员

改革要求对课堂进行更多的监管，让孩子们有更多机会与男性相处（这所学校由女性管理），鼓励他们提出任何问题，组织更多的实地考察，当然始终要有纪律。

——家长志愿者

△ 这里的三角验证表明人们对改革的定义千差万别。

学校改革是要有纪律，但必须得从家庭开始。我们必须让家长参与。我非常支持教育。

——家长

学校改革是为了在白天为孩子们提供一个安全的场所。

——警官

改革是为了要让学校有维持纪律的义务。

——部长

地方学校委员会

到目前为止,哈珀学校委员会对学校管理的贡献微乎其微。当选的委员都没有管理经验,有几个委员参加过家长委员会,但没有管理过学校。社区成员显然对哈珀学校缺乏兴趣,那些被动员来参与管理的成员需要机会增加经验,而学校系统提供的30小时培训不足以替代这样的经验。

地方学校委员会的三把火之一,是按照要求对校长进行评估。当时,委员会成员对这项工作完全没有概念。从书面记录和受访者的回忆来看,他们没有任何正规的标准来对霍金斯进行绩效评估。地方学校委员会要求教师参与进来,但没人响应。留任的霍金斯呼声很高,最后地方学校委员会批准将她的任期延长4年。我找不到任何理由来反对这个决定,只能得出这样的结论:就这项最重要的工作而言,委员会很好地履行了职责。

地方学校委员会的另一项重要工作是增补空缺。就在我到访之前,委员会成员刚刚找到了愿意接受任命的一位家长和一位社区成员。一些极佳的人选因在教育系统任职而失去了资格。

在所有成员都接受入职培训、熟悉学校的运行机制之前，委员会不想接手重要事务。这样的话，11位成员中最多有8位合格。委员会中的教师代表巴拉德先生最近定了两个日期，希望委员会成员能够到会听取汇报，但没有一个人来。我参加了2月的地方学校委员会会议。此前我曾被告知，确定会议时间十分不容易，得避开电视剧《只此一生》（*One Life to Live*）更新这样的日子。我在笔记中记录道：

下午1:00，会议时间到，只有我和主席两个人出席。1:20，会议开始，只有3个家长代表和3个学校代表（校长和两位项目协调人，没有教师代表）到场。1:35，又到了2个家长代表。大楼工程师、一位教师和两名研究者列席会议。

> 案例 Θ=哈珀学校。新的地方学校委员会非常重要，哪怕它对学校治理的贡献极小（这是毫无疑问的）。

上次会议的会议纪要明确了三个事项：校外安全、委员会会议到会情况、学生到养老院进行志愿服务的可能性。随后，很快有人就委员会成员不参加会议、不接受培训、不了解哈珀学校教育教学的问题表示不满。在发言过程中，两位项目协调人都敦促委员会成员了解特定的项目和活动。

缺席委员会会议和学生着装规范都是老问题了。主席指出，一些家长对着装始终非常关注。校长认为，家长担心学生穿了帮派的颜色，也怕学生在校外被打。她说，学校一直在清理校园帮派并卓有成效，希望委员会权衡规范着装是否会提高课外作业的质量。一位家长认为这是学校以外的问题，一位项目协调人也认为不应该花时间讨论这个问题。

另一个老问题是"封闭管理",也就是让学生出不去,外面的人进不来。霍金斯认为,这样会增加教师监管的工作量。根据与教师协会的协议,只有当教师们投票同意封闭管理之后,才能拿到委员会上来通过并生效,而哈珀学校的教师们显然不支持这一做法。

到 2:30 会议结束时,与会人员还是没有就这些问题达成一致。最终,他们只讨论了安全和组织问题,丝毫没有涉及学业问题。总而言之,有充分证据表明,委员会成员致力于反映社区对学生福祉的关切。

对一个六年级学生的影子研究

周四早晨 8:30,亚当来到餐厅门口,此时正是吃早餐的时间,但是亚当没进去。发餐券的女人把手放在他身上,好像在训斥他,然后亚当就不见了。亚当有 5 个兄弟姐妹,早晨上学的时候,家长都不怎么管他们。亚当个子不高,头型很好看,头发卷曲,身体结实,穿着松垮的黑色运动衫和运动鞋,充满活力,引人注目。

> 为了观察教师是否为推动学校改进做好了准备,我请教师同意我选择一位问题儿童亚当进行为期一整天的跟踪观察。教师对他的关注能够让我充分了解哈珀学校的优先事项。

早晨 8:55,亚当和其他高年级的孩子一起爬上三楼的楼梯,挡住

> 案例 Θ = 哈珀学校。为了进一步理解案例 Θ,我在案例中又选择了一个案例,即 Θ_o = 加森先生,或 Θ_o = 加森先生的班级,或 Θ_o = 亚当。

身后的女孩们,也就挡住了她后面的其他人。女孩子们快要摔倒了,这时一名老师克雷恩女士看到了,她让队伍继续前进。

亚当和其他 15 个 "问题" 学生的 "编外员工办公室" 位于楼顶,是加森先生的 5～6 年级教室。加森注意到了亚当,先是跟他轻声说了几句话,又像家长一样把他推进教室。亚当走到衣柜那里,脱掉了他的超大号外套。加森让他拿拖把把座位附近的地板弄干净,他的座位离教室门最近。有十几个孩子准时到了,在教室里到处走动。亚当拿起拖把,扔到离得最近的孩子脚上。走廊的喧闹声消失了,教室也变得安静了。对讲机在此时响起:"汉普顿女士,请到办公室来。"

这是个典型的教室,一面全是窗户,前面是黑板,到处都挂着自制的或买来的海报。教室门口放着两枝棉花,上面标着 "棉花"。移动式课桌被按照每 8 张一组的方式分两组放在公共空间的两侧,大多数都面向黑板。对这么少的学生来说,这是间大教室。

> 我比大多数研究者都更关心因管理而导致的教学中断。对读者来说,这种中断会让他们分心,对小学生来说也同样如此。它是少数几种完全由校长支配的教学方式之一。

"打扰一下!打扰一下!" 这是加森让教室安静下来的方法。还有几个学生在窃窃私语,加森制止了他们,维持了秩序。他曾经跟我说过,塑造一种有纪律的氛围十分重要。9:10,两个迟到的孩子进入教室。他询问了他们迟到的理由,女孩说要送妹妹上学,男孩没有回答,加森让他到走廊里 "端正态度"。很显然,整个教室都在等学校的课前广播,亚当也安静地坐在座位上。

加森宣布，"杜莎贝尔高中乐队和福音合唱团今天会来演出"，他还提到了蒂娜·特纳。加森在这里教书很多年了，但我还是听不懂他的

> 口音和语法问题一般都跟论题无关，直接按照原文呈现会十分有侮辱性，我通常会用流畅的英语来替代。

加勒比口音，不过学生们看着都没问题。加森也许在问谁愿意唱歌，亚当看起来不感兴趣。

已经 9:15 了，对讲机还没有开始广播。"好吧，那我们上课吧。打开课本，翻到第 169 页的《太空奇事》。"教室很安静，能听到街上车辆的声音。"迈克尔，把书放下，让乔恩也能一起看。太空中有哪些奇事？你能猜一猜吗？我们可以预测一下。"没有人预测。亚当在翻书。"不明飞行物（UFO）？"加森讲了个太空生物跟一位司机搭话的新闻故事，几个男孩咧嘴笑了起来，但亚当没笑。

教室又安静下来，加森在抱怨浪费时间。"现在有多少人想吃午餐？"只有安娜莉举手。加森开玩笑地逐一询问每个孩子，让他们放松下来，不去想随时会响起的广播。"要不要来个热狗，亚当？""不，我要汉堡加薯条。""那你得去别处才能吃着。亚当，你能坐在自己的座位上吗？"亚当没有坐好。

"达西，你来读一下《太空奇事》吧？"她读的第二句就是垃圾食品。加森打断了她："什么是垃圾食品？"没人回答。"糖，饼干，它们中的任何一个都不属于我们应该吃的正常食物。"达西继续往下读。

> 好的教学会最大程度地利用复杂情境，但我很难去形容什么是差的教学。加森的教学方式和教学内容都乏善可陈，但他对亚当的关心非常值得称赞。

当碰到一个生词时，加森告

诉了她,然后鼓励其他学生解释课文的含义。"太空垃圾是什么意思?"这时候对讲机响起:"各位教师,请把缺勤表送到办公室。""有数百万颗星星,还有什么?还有颗特别的星星,在晚上看不见。还有流星。"达西读完了,"通过观星,我们能学到很多,还可以做个星象图。"

> 学生的复杂性很明显,因此教学的复杂性也很明显,从而学校改进的复杂性也同样明显。
> △我觉得加森让学生读教材并不是在教学,而是在进行课堂管理。我试着进行三角验证,但找不到多少证据。

"好的,亚当,到你读了。"亚当读道:"地球围着太阳转。"他继续读,但总是遇到生词,需要加森来提醒,不过他的语速和语感都不错。当他读到使用双筒望远镜和天文望远镜时,加森接过话,想要让学生们试着预测一下用双筒望远镜和天文望远镜能看到什么。"没错,它们能让星星看起来大一些。"加森想让学生预测会看到哪些太空垃圾。"你们都去过天文馆,看到过星星在天上是怎么移动的,还有星星的大小和颜色。亚当刚才读到,我们把研究星星的人叫什么?天文学家。天文学家使用的望远镜非常大。"每个人都很安静。"同学们,回答我。我想让聪明的学生回答我。""天文学家。"(停顿)"谢谢你,亚当。"

> 我觉得读者应该体会一下这个课堂上的教学推进得有多缓慢。压缩叙事的篇幅会削弱呈现教学进度的真实性。

金接着读,但很快就被加森打断。"为什么每天晚上看到的星星位置都不一样?是的,它们在移动。这里的关键词是什么?它们在移动,对吧?"在讲了一些关于山顶观测站的内容之后,加森说:"为什么山顶的空气更洁净?谁说是因为山顶比较高?说得对。离地面越近,空气里什么都有。克斯廷,把手放下。为什么会有星星坠落?拜托,你们肯定知道的,你们明年就要七年级了。因为它们老了?不对。你觉得它们会说,'妈妈,我讨厌你了,我要落下去了'。再想想。"克斯廷又继续往下读。"为什么太阳是黄色的,而不是蓝色或绿色?来说一说。好的,请去书里找一找,第170页会告诉你为什么星星会坠落。"然后他开始提到一首歌——《捕捉流星》(*Catch a Falling Star*),说亚当会在情人节给他的女朋友写情书,想送她一颗流星。金继续大声读:"第172页,关于太空垃圾——尘埃和岩石。现在要理解流星和陨石的区别,我们来看看定义。"

亚当回到自己的座位上,安娜莉又开始读,教学继续往下进行。大家同时在翻课本。加森先生帮亚当翻到了那一页,可能是因为他事先知道我会暗中观察亚当。到9:55了。"把书放下,把桌子摆齐。"但亚当还在读。"排进队里。"亚当站着跟加森说话,转过脸去,但身体逐渐靠过来。

排队去洗手间的时候,加森先生在队首,亚当在队尾。他们经过了一群八年级男孩。亚当引起了他们的注意,他面向他们,顶了顶胯,

> 研究者在生成报告时,品味也是个问题。"娘炮"这个词遭到了反对,导致案例研究也被质疑。

双手捂住生殖器,说了些什么,但我只能听清一句"……娘炮"。他笑得很厉害,那些男孩也在傻笑。

"黑人遗产"音乐项目受到了这几百个孩子的欢迎。然而,亚当面无表情地坐了90分钟,大部分时间都双手抱胸。在回去

> △ 这里我想证明对于亚当来说加森在多大程度上能够替代父亲的角色，但三角验证失败了。

的路上，经过洗手间的时候，另一位教师拦住了亚当，并训斥了他。加森先生把亚当带到角落，跟他谈了几分钟，然后让他去教室的苹果二代计算机那里。亚当默默地同意了，专心地玩电脑，而他的同学们学英语一直到中午。那一章的主题是"冬季的天气"。亚当错过了有关"主题句"的介绍，还有关于在家里用纸和塑料来替代破窗户、粘补廉租房窗户上的弹孔，让冬天的冷风不要灌进来等漫长的讨论。

> 这里我再次提醒读者"我"的存在，以及我的语言的主观性。

下午的情况跟上午差不多。亚当还是不听话，不服从一些特别的纪律，总会打断课堂的进度。在走回车上的时候，我在想：亚当不是个典型的年轻人，加森先生也不是典型的教师，这一天也许并不是典型的一天。很明显，这位教师承担着影响亚当的个性、满足他的需求的重要责任，而其他教师也承担着类似的无休无止的责任，要帮助孩子们实现社会化，还要把少数脱轨儿童拉回正规。加森先生负责照看着一组这样的孩子，其中就包括亚当。亚当需要更多的帮助。他看起来并不缺少抱负，也不是没有自尊。有时候我觉得他像个能够影响他人生活的人。他的使命是什么呢？从今天来看，他的使命跟学校的使命简直是背道而驰。

像其他教师一样，加森先生的工作需要处理冲突。他有时候会跟学生起冲突，但更多的时候是在处理社区、学生、学校和学校改革的需求之间的矛盾。在加森先生的课堂上,他非常关注孩子们的学业成绩,但显然更多时候却在回应他们的个人需求和社会需求。

> 这里的分析是直接诠释,而不是对事例的汇总。通过反复的反思,采取各种方法来三角验证,以及有意地寻找用于推翻结论的证据,我对发现进行了修正。

由于这次评估性案例研究的时间有限(我只在哈珀学校待了10天),我对教学只能进行粗略的研究,其中大部分时间都在观察加森先生的课堂。而据我对其他课堂的观察,有的教学水平很高,有的却没有效率。校长的评价也印证了我的观点。然而,我认为虽然哈珀学校教师的教学能力并不完美,却不是将学生成绩提升到《学校改进计划》所制订的目标的主要阻碍。

其他论题

通过特殊项目丰富学习体验

在哈珀学校,改进学生学习的主要措施是通过开展特殊项目来提供多样化的学习体验。其中一些项目有明确的学业内容,例如美术,而另一些则是带学生领略他们平时没有机会接触的多元文化与情境。

> 受制于报告的篇幅,我想聚焦3个到4个论题。然而这里已经提到了6个,现在又增加了4个。这份报告的论题很多,而对案例的细节描述却相对较少。

在"一对一学校支持项目"(Adopt-A-School)和美国电话电报公司(AT&T)导师制的支持下,哈珀学校将七年级和八年级

> 在芝加哥另一所学校开展的后续案例研究中，我把这个问题作为主要论题。

学生分为 4 人到 5 人一组，为每组指派了一位来自贝尔实验室的志愿者，他们每个月轮流在学校或工厂与学生们会面聊天，激发学生的梦想，展示技术工作，鼓励学生完成学校作业。此外，还有"城市门户""全语言教育"和"写作促阅读"等项目。这些项目都很好，但并不是每个人都满意。马蒂·米切尔认为："一些教师已经不堪其扰，会说'噢，不，不要再来一个特殊项目了'，特别是当特殊项目会影响到他们本来的工作时，抱怨就更多了。"

在哈珀学校，改进学生的阅读和其他学业表现的策略已经被用得太多了，其中一部分原因是他们并不知道应该怎么做。没有人知道实现改革目标到底应该采取哪些步骤，他们还缺乏充分的研究和专业实践。出谋划策容易，确保成功则不然。要提高学生出勤率和考试成绩，很大程度上取决于课堂教师。在哈珀学校，教师们不知道怎么推动《学校改进计划》所确定的改革事项。

帮　派

有一天，哈珀学校的三楼教室里只来了很少的学生，孩子们都去参加上周六被杀的年轻人的葬礼了。据说，一大早就有人挨家挨户地敲门，让住在那里的年轻人必须去参加葬礼。

在快要离开哈珀学校的一天下午，我约好要访谈两个帮派头目，但是他们没有来。"男孩女孩俱乐部"的两个帮派少年跟我聊了半个小时。这次的聊天内容超出了我准备的问题。两位 13 岁男孩中的一位总是直截了当地回答我的问题。对谈基本是这样的：

"你是在哈珀学校上学吗?这是个好学校吗?"
"是的。"

> 如何呈现访谈资料没有一定之规。明确谁在说话很重要,但我并没有区分这两个男孩。我反复编辑了提问和回答,想尽最大努力保留我所理解的全部含义。如果有可能,我会把草稿拿给受访者进行修订和完善。如果他们否认说过一些我非常确定他们说过的话,我甚至会违背他们的意愿,保留原始记录。通常情况下,我会在报告的这部分更加注意匿名性。

"学校有哪些不好的地方吗?"
"书太旧了,学习材料不够。"

"电脑呢?"
"有一些已经不能用了。"

"教师呢?霍金斯校长呢?"
"他们还行,他们还不错。"

"学校的纪律会不会太多?"
"不会,学校需要纪律。"

"想一想你所在的组织中你仰视的那些老成员,你为什么仰视他/她?"
"他尊重别人。"

"他觉得孩子们应该待在学校学很多东西吗?"
"是的。"

"他给你什么建议?"
"在学校好好学习。"

"你听说过'学校改革'吗?"

(没有回答)

"不久之前,学校曾经选举家长和社区成员加入地方学校委员会,你听说过吗?"

"也许吧。"

"这个委员会要帮忙管理学校。如果让你的组织里的老成员来参与这个委员会的竞选,你觉得是个好主意吗?"

"也许吧。"

"你的组织成员在意哈珀学校是否是个好学校吗?"

"有人在意。"

压力与倦怠

筋疲力尽的一个最明显的表现是:在1986届毕业生照片的中间,是当时哈珀学校管理人员的照片。这些人现在还在哈珀工作,不过看起来老了很多。学校的一位老员工赞同我的看法。

一天,一位家长投诉某位教师猥亵了她女儿的下体,那位教师否认了这样的指控。两天后,学校来了三位警察,一位明显是个调查侦探,另外两位应该是他的警卫。他们找证人问询了几个小时,侦探没有找到任何证据。在外间办公室等待离开时,一位警卫对只是坐在那里的小女孩说:"老师让你做什么你就做什么,对吧?"他加重了语气:"听我说,老师让你做什么你就做什么！"这里我观察到三点：第一，警察没有忽视有关性骚扰的指控；第二，这个小事件总共占用了警察的1个工作日、员工的3个工作日和学生的10个学时；第三，一位同情教师处境的警察打着支持学校纪律的旗号，通过吓唬一个孩子来了结这个案子。

纪　律

上午8:15，气温在零度以下。大约15个到20个12岁左右的孩子聚集在学校大门外的步道上，不打算进来，他们当中有男孩也有女孩。一个矮个子男孩冲上去，给了一个女孩胸口重重一拳，把她打倒在地。她挣扎着站起来，恶狠狠地看着这个男孩，却没有还手。没有人上前帮她，也没有人过来责备动手的人，这个男孩还在咧着嘴笑。

学校社区代表马蒂·米切尔说："这些孩子坏透了，伤人，打架，跑到街上。当然他们只是孩子中的一小部分，700个孩子中的大部分都是好的。"她让我想想约翰，他每天都带着轻松的微笑，好像总是坐在办公室接待处的"校内停学区"。据说，约翰在课堂上的表现总是会挑战教师课堂管理的底线。有时候，接待员会通过对讲机，让他的教师给他安排些额外的事情做。他的写字板上写着"我会成为神"（I will be god）。一位教师经过，问他是不是想说"我会好好表现"（I will be good），他摇了摇头。

芝加哥警察局的布鲁斯·麦克伦登警官负责监管哈珀学校所在学区的学校巡逻队，他认为学校周边的执法行动在最近18个月里有所变化，很大原因要归功于"安全行动"（Operation SAFE，Schools Are For Education）——学校董事会和警察局为"确

> 在许多研究中，我们都对变化感兴趣。跟以前相比，现在是不是有所不同？我们很少会有关于以前的记录，所以必须去询问同时经历过以前和现在的人。他们通常并不像我们一样界定变量或论题，但一般都会很快做出有变化或没有变化的结论。我们对变化的测量大多没有什么说服力。

保违法犯罪行为不会影响教师和学生的安全与防护"而开展的联合行动。"现在好多了。"巡逻警官每周至少要巡检3所学校。"哈珀学校在我们管辖的学校里算好的。"虽然校长会制止大部分在学校里进行的逮捕行为，但是警官可以自由决定逮捕行动。"我们也没多少机会看到自学校改革启动以来其他方面的变化。"

家长志愿者查尔斯·科尔斯在第二出口担任门卫。铁门被锁上了，还有很多家长和其他人过来敲门，他就会站起来，给人们开门。我不清楚谁需要登记，谁不需要登记。他告诉我他们会很小心，不能让某些人进来。然后，他又后悔放某个人进来，那是一位教师的儿子，大约是高中生的年纪。因为他"很没礼貌"，查尔斯冲他嚷了好几分钟。查尔斯说，学校里需要更多的纪律。

> 为了就这一论题进行三角验证，我通过书面或口头的方式向关心纪律的几个哈珀学校员工进行了陈述。我对其他论题也是这么做的。一般情况下，他们不会增加或改变多少内容，只是点点头或耸耸肩。不过如果我多等一会儿，他们就会讲述一个对他们来说非常重要的例子，也常常会进行外推，但与我的视角会完全不同。

人们一般认为，"纪律"应该是学校教的，它不只是学业成功的前提，其本身就是教育的目标。哈珀学校的教师在维持纪律上花费了很大的精力，不仅因为学生散漫又不守规矩，还因为教师和社区都期待学生能够学会秩序和服从。很难相信教师能够在不采取威胁手段、不重复规章制度、不即时处理违规行为的前提下就教会这样的学生听话和尊重,但有些哈珀学校的教师确实做到了。有时候,与良好的行为习惯相比,好像承认权威才是更重要的目标。对于哈珀学校来说,纪律实在太重要了。如果《学校改进计划》真的全面反映了社区的诉求,纪律就应该是主要的关注点。

改革的实施

弗朗西斯·哈珀学校的校长和教师认为,芝加哥学校改革推动的是他们长期以来一直努力实现的课堂教育目标,但这项改革本身并不完善。他们反对将改革重点放在家长参与学校治理上,特别是反对地方委员会对校长进行评估,而他们的论据是家长和社区成员没有准备

> 在报告的最后,我试图用最有效的方式来向读者描述案例。我的读者有直接读者,即学校财务管理局的官员;也有更大范围的读者,即任何对哈珀学校感兴趣的人;还有更广泛的读者,即任何对城市学校改革感兴趣的人。报告的主题应当与引言部分的主题保持一致。

好承担这些复杂的职责。这里再次引用马蒂·米切尔的话:"《学校改进计划》并没有反映我们希望改进的部分,我们从来没有停下改进学校的脚步。"莱达·霍金斯认为:"这所学校应当是一所全天候的社区学校。"事实上,这些教育工作者认为,芝加哥学校改革并没有充分回应当前社会、经济和教育之间的相互关系。

如果说系统性的改革计划本身就简化了问题所在,哈珀学校颁布的正式的《学校改进计划》就更是如此。这个文本符合系统性改革计划的要求,但不过是它的缩写版而已。学校的教学和管

> 三角验证推断的重要步骤是找到能够证伪推断的证据。研究者很难孜孜不倦地去寻找证据来推翻自己精心建构的精辟结论，但好的研究者会有信心挑战自我。

理工作非常复杂，追求的目标也远比《学校改进计划》中罗列的直接目标要复杂得多。学校实际的教学水平看起来至少达到了教学改革计划对这样的课堂、教师和学生的要求。从目前的基础条件来看，教师和校长一直以来努力的方向，以及他们每一天都在为之努力的目标，可能在未来几年内也不会被视为体现了学校或学区绩效目标的达成度。虽然学校已经努力通过增设特别项目来改进教育教学，如开展阅读治疗、跨学科学习、导师制和合作学习等，但仍然没有任何权威来有效地引导他们每一天的工作。

> 在总结部分引入更多的信息通常是不合适的。这里虽然引入了一个新的信息源，但目的不过是为 I_1（即"在哈珀学校，对改革的定义是否相互矛盾？"）提供一个新的视角。

哈珀学校教工很关心家长在教育中的角色。学校辅导员盖尔·威金斯说："今年有更多的家长参与进来，他们也更加确定自己的孩子应该受到怎样的对待。"但是，家长在正式治理中的参与看来还不能有效反映社区的意愿。在这个经济条件落后的社区，缺乏经验的委员会可能会影响校长进行整体决策。委员会成员让大家更多关注学生的福祉而非学业成绩，这不知是好是坏。

> 我尽可能地用与论题最有相关性、最能加深理解的评论来结束案例报告。

哈珀学校教工也同样关心安全和纪律，通常更关心教会学生举止得体，而不是要求他们提高出勤率或学业表现。与附近的住宅区和街区相比，哈珀学校是一个安全的、能够让人富有成效地学习的地方。学校对孩子和家长都很好，他们对学校也很满意。许多人都希望学校能拥有更多权威、更多机会来管教学生。

校长不仅是她所在的非裔美国人社区的领袖，也是整个城市的领袖。她是一位有才华、有干劲的学校管理者，塑造了哈珀学校的文化。哈珀学校是一所人性化的学术机构。毫无疑问她和她的团队将会做得更好，但《学校改进计划》中一般目标都有些过于高远。由于贫困和异化问题太过严峻，对安全和纪律的渴望已经消耗了所有剩余的能量。哈珀学校的教学是社区的一笔财富。改革已经推进了一段时间，结构调整方面还很薄弱，但社区已经自力更生地完成了其能够完成的所有基础工作。

> 我以一篇花絮开始，本来也想以一篇花絮来结束（如第八章的样例所示）。但我最终还是决定以推断来结束，直接回应资助这次评估性案例研究的客户所提出的论题。

参考文献

参考文献既包括文中引用的文献，也包括拓展阅读可能需要或可能遇到的其他文献。

Adler, P., & Adler, P. (1994). Observational techniques. In N. Denzin & Y. Lincoln (Eds.), *Handbook of qualitative research* (pp. 377-392). Thousand Oaks, CA: Sage.

Agee, J., & Evans, W. (1960). *Let us now praise famous men*. Boston: Houghton Mifflin. (Original work published 1941)

Becker, H. (1958). Problems of inference and proof in participant observation. *American Sociological Review*, 23, 652-660.

Blomeyer, R., & Martin, D. (1991). *Case studies in computer aided learning*. London: Falmer.

Bodgan, R., & Biklen, S. (1982). *Qualitative research for education: An introduction to theory and methods*. Boston: Allyn & Bacon.

Brauner, C. (1974). The first probe. In *Four evaluation examples: Anthropological, economic, narrative and portrayal* (AERA Monograph Series on Curriculum Evaluation, No. 7, pp. 77-98). Chicago: Rand McNally.

Broudy, H. (1972). *Enlightened cherishing*. Urbana: University of Illinois Press.

Burgess, R. (1983). *In the field*. London: Allen & Unwin.

Campbell, D. (1975). Degrees of freedom and the case study. *Comparative Political Studies*, 8, 178-193.

Campbell, D. (1978). Qualitative knowing in action research. In M. Brenner, P. Marsh, & M. Brenner (Eds.), *The social context of method* (pp. 184-209). New York: St. Martin's.

Campbell, D., & Fiske, D. (1959). Convergent and discriminant validation by the multitrait-multimethod matrix. *Psychological Bulletin*, 56, 81-105.

Campbell, J., Daft, R., & Hulin, C. (1982). *What to study: Generating and developing research questions*. Beverly Hills, CA: Sage.

Carr, W., & Kemmis, S. (1986). *Becoming critical: Education, knowledge and action research*. London: Falmer.

Cole, C. (1993). Family adaptation to the Indiana BUDDY home and school computer program. In North Central Regional Education Laboratory (Ed.), *BUDDY SYSTEM Evaluation Report* [Photocopy from author]. Oakbrook, IL: North Central Regional Educational Laboratory.

Cox, D. (1974). *Claude Debussy: Orchestral music*. London: British Broadcasting System.

Cronbach, L. (1971). Test validation. In R. L. Thorndike (Ed.), *Educational measurement* (pp. 443-507). Washington, DC: American Council on Education.

Cronbach, L. (1975). Beyond the two disciplines of scientific psychology. *American Psychologist, 30(2)*, 116-127.

Cronbach, L., & Associates. (1980). *Toward reform of program evaluation*. San Francisco: Jossey-Bass.

Day, M., Eisner, E., Stake, R., Wilson, B., & Wilson, M. (1984). *Art history, art criticism, and art production: An examination of art education in select school districts: Volume II. Case studies of seven selected sites*. Santa Monica: RAND Corporation.

Delamont, S. (1992). *Fieldwork in educational settings: Methods, pitfalls and perspectives*. London: Falmer.

Denzin, N. (1984). *The research act*. Englewood Cliffs, NJ: Prentice Hall.

Denzin, N. (1989). *Interpretive biography*. Newbury Park, CA: Sage.

Denzin, N., & Lincoln, Y. (Eds.). (1994). *Handbook of qualitative research*. Thousand Oaks, CA: Sage.

Dexler, L. (1970). *Elite and specialized interviewing*. Evanston, IL: Northwestern University Press.

Dilthey, W. (1910). The construction of the historical world of the human studies [Der Aufbauer Welt in den Geisteswissenschaften]. *Gesammelte schriften, 1-7*. Leipzig: B. G. Tuebner.

Dilthey, W. (1976). Introduction to the human studies: The relationship of the human studies to the sciences. In H. P. Richman (Ed.), W. *Dilthey, Selected writings* (pp. 163-167). Cambridge, UK: Cambridge University Press. (Original work published 1883 as *Gesammelte schriften, 1*, 14-21)

Eco, U. (1994). *Six walks in the fictional woods*. Cambridge, MA: Harvard University Press.

Eisner, E. (1979). *The educational imagination: On the design of an evaluation of school programs*. New York: Macmillan.

Eisner, E. (1985). Learning and teaching the ways of knowing. In *84th Yearbook of the National Society for the Study of Education* (pp. 97-115). Chicago: University of Chicago Press.

Eisner, E., & Peshkin, A. (Eds.). (1990). *Qualitative inquiry in education*. New York: Teachers College Press.

Erickson, F. (1986). Qualitative methods in research on teaching. In M. Wittrock (Ed.), *Handbook of research on teaching* (pp. 119-161). New York: Macmillan.

Feagin, J., Orum, A., & Sjoberg, G. (Eds.). (1991). A *case for the case study*. Chapel Hill: University of North Carolina Press.

Fetterman, D. (1989). *Ethnography: Step by step*. Newbury Park, CA: Sage.

Firestone, W. (1993). Alternative arguments for generalizing from data as applied to qualitative research. *Educational Researcher, 22*, 16-23.

Flick, U. (1992). Triangulation revisited: Strategy of validation or alternative? *Journal for the Theory of Social Behaviour, 22(2)*, 175-198.

Fontana, A., & Frey, J. (1994). Interviewing: The art of science. In N. Denzin & Y. Lincoln (Eds.), *Handbook of qualitative research* (pp. 361-376). Thousand Oaks, CA: Sage.

Geertz, C. (1973). Thick description: Toward an interpretive theory of culture. In C. Geertz, *The interpretation of cultures* (pp. 3-30). New York: Basic Books.

Giddings, F. (1924). The study of cases. *Journal of Social Forces, 2(5)*, 643-646.

Glaser, B., & Strauss, A. (1967). *The discovery of grounded theory: Strategies for qualitative research*. Chicago: Aldine.

Glesne, C., & Peshkin, A. (1992). *Becoming qualitative researchers*. White Plains, NY: Longman.

Goetz, J., & LeCompte, M. (1984). *Ethnography and qualitative design in educational research*. San Diego: Academic Press.

Guba, E., & Lincoln, Y. (1982, Winter). Epistemological and methodological bases of naturalistic inquiry. *Educational Communications and Technology Journal*, pp. 232-252.

Hamel, J., Dufour, S., & Fortin, D. (1993). *Case study methods*. Newbury Park, CA: Sage.

Hamilton, D. (1981). Generalization in the educational sciences: Problems and purposes. In T. Popkewitz & R. Tabachnick (Eds.), *The study of schooling: Field-based methodologies in educational research* (pp. 227-241). New York: Praeger.

Hamilton, D., Jenkins, D., King, C., MacDonald, B., & Parlett, M. (Eds.). (1977). *Beyond the numbers game*. London: Macmillan.

Herriott, R., & Firestone, W. (1983). Multisite qualitative policy research: Optimizing description and generalizability. *Educational Researcher, 12(2)*, 14-19.

House, E. (1980). *The politics of evaluation*. Beverly Hills, CA: Sage.

Husserl, E. (1970). *The crisis of European sciences and transcendental phenomenology* (D. Carr, Trans.). Evanston, IL: Northwestern University Press.(Original work published 1936)

Joncich, G. (1968). *The sane positivist: A biography of Edward L. Thorndike*. Middleton, CT: Wesleyan Press.

Huberman, A. M., & Miles, M. B. (1994). Data management and analysis methods. In N. K. Denzin & Y. S. Lincoln (Eds.), *Handbook of qualitative research* (pp. 428-444). Thousand Oaks, CA: Sage.

Hughes, T. (1971). The thought fox. In 0. Williams (Ed.), *A pocket book of modern verse* (p. 628). New York: Simon & Schuster (Washington Square Press rev. ed.).

Kemmis, S. (1980). The imagination of the case and the invention of the study. In H. Simons (Ed.), *Toward a science of the singular* (pp.

93-142). Norwich, UK: University of East Anglia, Centre for Applied Research in Education.

Kennedy, M. (1979). Generalizing from single case studies. *Evaluation Quarterly, 3(4)*, 661-678.

Kozol, J. (1991). *Savage inequalities: Children in America's schools*. New York: Harper.

Lakatos, I. (1978). *The methodology of scientific research programmes*. Cambridge, UK: Cambridge University Press.

Lofland, J. (1976). Styles of reporting qualitative field research. *American Sociologist, 9*, 101-111.

Mabry, L. (1991). Nicole, seeking attention. In a Phi Delta Kappan publication, *Learning to fail: Case studies of students at risk* (pp. 1-24). Bloomington, IN: Phi Delta Kappan.

MacDonald, B., Adelman, C., Kushner, S., & Walker, R. (1982). *Bread and dreams: A case study of bilingual schooling in the U.S.A*. Norwich, UK: University of East Anglia, Centre for Applied Research in Education.

Medley, D., & Mitzel, H. (1963). Measuring classroom behavior by systematic observation. In N. Gage (Ed.), *Handbook of research on teaching: Volume 1* (pp. 247-328). New York: Rand McNally.

Messick, S. (1989). Validity. In R. L. Linn (Ed.), *Educational measurement* (pp. 13-103). New York: Macmillan.

Miles, M. (1979). Qualitative data as an attractive nuisance: The problem of analysis. *Administrative Science Quarterly*, 24, 590-601.

Miles, M., & Huberman, M. (1984). *Qualitative data analysis: A source book of new methods*. Beverly Hills, CA: Sage.

Mitchell, R., Jr. (1993). *Secrecy and fieldwork*. Newbury Park, CA: Sage.

Nowakowski, J., Stewart, M., & Quinn, W. (1992). *Monitoring implementation of the Chicago Public Schools' systemwide school reform goals and objectives plan. Oakbrook, IL: North Central Regional Educational Laboratory.

Nyberg, D. (1993). *The varnished truth*. Chicago: University of Chicago Press.

Parlett, M., & Hamilton, D. (1976). Evaluation as illumination: A new approach to the study of innovative programmes. In G. Glass (Ed.), *Evaluation Studies Review Annual*, 1, 140-157.

Patton, M. (1980). *Qualitative research methods*. Beverly Hills, CA: Sage.

Pavlov, I. (1955). A letter to the youth. In I. Pavlov, *Selected works* (pp. 54-55). Moscow: Foreign Languages Publishing House. (Original work published 1936)

Payne, S. (1951). *The art of asking questions*. Princeton, NJ: Princeton University Press.

Peshkin, A. (1978). *Growing up American: Schooling and the survival of community*. Chicago: University of Chicago Press.

Peshkin, A. (1985). From title to title: The evolution of perspective in naturalistic inquiry. *Anthropology and Education Quarterly, 16*, 214-224.

Phillips, D. (1990). Subjectivity and objectivity: An objective inquiry. In E. Eisner & A. Peshkin (Eds.), *Qualitative inquiry in education* (pp. 1937). New York: Teachers College Press.

Polanyi, M. (1962). *Personal knowledge: Towards a post-critical philosophy*. Chicago: University of Chicago Press.

Popkewitz, T. (1984). *Paradigm and ideology in educational research: The social functions of the intellectual*. New York: Falmer.

Punch, M. (1986). *The politics and ethics of fieldwork*. Beverly Hills, CA: Sage.

Richman, H. (Ed.). (1976). W. *Dilthey, selected writings*. Cambridge, UK: Cambridge University Press.

Runkel, P. (1990). *Casting nets and testing specimens: Two grand methods of psychology*. New York: Praeger.

Schwandt, T. (1994). Constructivist, interpretivist persuasions for human inquiry. In N. Denzin & Y. Lincoln (Eds.), *Handbook of qualitative research* (pp. 118-137). Thousand Oaks, CA: Sage.

Schatzman, L., & Strauss, A. (1973). *Field research: Strategies for a natural sociology*. Englewood Cliffs, NJ: Prentice Hall.

Scriven, M. (1972). Objectivity and subjectivity in educational research. In H. Dunkel et al. (Eds.), *Philosophical redirection of educational research*. Chicago: National Society for the Study of Education.

Scriven, M. (1978, September). *Evaluating educational programs: The best models and their relation to testing*. Paper presented at the Second National Conference on Testing, CTB/McGraw Hill, San Francisco.

Sheehan, N. (1988). *A bright and shining lie: John Vann and America in Vietnam*. New York: Random House.

Simons, H. (Ed.). (1980). *Towards a science of the singular*. Norwich, UK: University of East Anglia, Centre for Applied Research in Education.

Smith, L. (1979). An evolving logic of participant observation, educational ethnography, and other case studies. In L. Shulman (Ed.), *Review of research in education* (pp. 316-377). Itasca, IL: F. E. Peacock.

Smith, L. (1994). Biographical method. In N. Denzin & Y. Lincoln (Eds.), *Handbook of qualitative research* (pp. 286-305). Thousand Oaks, CA: Sage.

Smith, L., & Dwyer, D. (1979). *Federal policy in action: A case study of an urban education project*. Washington, DC: National Institute of Education.

Stake, R. (1978). The case study method in social inquiry. *Educational Researcher, 7(2)*, 5-9.

Stake, R. (1986). *Quieting reform*. Urbana: University of Illinois Press.

Stake, R. (1988). Seeking sweet water. In R. Jaeger (Ed.), *Complementary methods for research in education* (pp. 253-300). Washington, DC: American Educational Research Association.

Stake, R. (1992). A housing project school. In J. Nowakowski, M. Stewart, & W. Quinn, *Monitoring implementation of the Chicago Public Schools' systemwide school reform goals and objectives plan* (pp. 30-49). Oakbrook, IL: North Central Regional Educational Laboratory.

Stake, R. (1994). Case study. In N. Denzin &Y. Lincoln (Eds.), *Handbook of qualitative research* (pp. 236-247). Thousand Oaks, CA: Sage.

Stake, R., Bresler, L., & Mabry, L. (1991). *Custom and cherishing: The arts in elementary schools*. Urbana: University of Illinois, Council for Research in Music Education.

Stake, R., & Easley, J. (1979). *Case studies in science education*. Urbana: University of Illinois, CIRCE.

Stake, R., & Trumbull, D. (1982). Naturalistic generalizations. *Review Journal of Philosophy and Social Science, 7(1)*, 1-12.

Steffe, L., & Kieren, T. (1994). Radical constructivism and mathematics education. *Journal for Research in Mathematics Education, 25(6)*, 711-733.

Stenhouse, L. (1978). Case study and case records: Toward a contemporary history of education. *British Educational Research Journal*,

4(2), 21-39.

Stauffer, S. (1941). Notes on the case study and the unique case. *Sociometry, 4*, 349-357.

Tolstoy, L. (1978). *War and peace* (R. Edmonds, Trans.). New York: Penguin. (Original work published 1869)

Van Maanen, J. (1988). *Tales of the field: On writing ethnography*. Chicago: University of Chicago Press.

von Wright, G. (1971). *Explanation and understanding*. London: Routledge & Kegan Paul.

Walker, R. (1981, September). *Three good reasons for not doing case study research*. Paper presented at the annual meeting of the British Educational Research Association at Crewe and Alsager College of Education, Cheshire.

Walker, R., & Adelman, C. (1975). *A guide to classroom observation*. London: Methuen.

Whitfield, S. (1992). *Magritte*. London: South Bank Center.

Wolcott, H. (1990). *Writing up qualitative research*. Newbury Park, CA: Sage.

Yin, R. (1979). *Changing urban bureaucracies: How new practices become routinized*. Lexington, MA: Lexington Books.

Yin, R. (1994). *Case study research: Design and methods* (2nd ed.). Newbury Park, CA: Sage.